穀梁集解補注

上

〔晉〕范甯 集解
楊鵬 補注

中華書局

圖書在版編目(CIP)數據

穀梁集解補注/(晉)范甯集解;楊鵬補注. —北京:中華書局,2022.7

ISBN 978-7-101-15782-6

Ⅰ.穀…　Ⅱ.①范…②楊…　Ⅲ.《穀梁傳》-注釋
Ⅳ.K225.04

中國版本圖書館CIP數據核字(2022)第108403號

責任編輯:石　玉
責任印製:管　斌

穀梁集解補注

(全二册)

〔晉〕范　甯 集解

楊　鵬 補注

*

中 華 書 局 出 版 發 行

(北京市豐臺區太平橋西里38號　100073)

http://www.zhbc.com.cn

E-mail:zhbc@zhbc.com.cn

三河市宏盛印務有限公司印刷

*

850×1168毫米 1/32 · 23⅛印張 · 4插頁 · 430千字

2022年7月第1版　2022年7月第1次印刷

印數:1-3000册　定價:78.00元

ISBN 978-7-101-15782-6

目録

上册

下册

前言

孟子滕文公下云：「世衰道微，邪説暴行有作，臣弑其君者有之，子弑其父者有之。孔子懼，作春秋。春秋，天子之事也。是故孔子曰：『知我者，其惟春秋乎！罪我者，其惟春秋乎！』」又云：「孔子成春秋，而亂臣賊子懼。」

春秋一經，由於向來被認爲是孔子據魯史修訂而成，具備微言大義的特殊性，因此，作爲儒家經學的重中之重，一直受到古今學者的重視。同時，也正因其特殊性，使得春秋經在最初的流傳過程中，爲避免曲解失真，故而非常重視師法授受。東漢何休春秋公羊傳序、唐徐彦春秋公羊傳注疏引戴弘序云：「子夏傳與公羊高，高傳與其子平，平傳與其子地，地傳與其子敢，敢傳與其子壽。至漢景帝時，壽乃共弟子齊人胡毋子都著於竹帛。」唐楊士勛春秋穀梁傳注疏序云：「穀梁子名淑，字元始，魯人，一名赤，受經於子夏，爲經作傳，故曰穀梁。傳孫卿，孫卿傳魯人申公，申公傳博士江翁。其後，魯人榮廣大善穀梁，又傳蔡千秋，漢宣帝好穀梁，擢千秋爲郎，由是穀梁之傳大行於世。」又云：「仲尼卒而微言絶，秦正起而書記亡。其春秋之書，異端競起，遂有鄒氏、夾氏、左氏、公羊、穀梁五家之傳。鄒氏、夾氏口説無文，師既不傳，道亦尋廢。左氏者，左丘明與聖同恥，恐諸弟子各安其意，爲經作傳，故曰左氏傳。其傳之者，有張蒼、賈誼、張禹、翟方進、賈逵、服虔之徒。漢武帝置五經博士，左氏不得立於學官。至平帝時，王莽輔政，方始得立。」漢書藝文志亦載「公羊、穀梁立於學官，鄒氏無師，夾氏未有書」。

五傳之學，流傳至今，唯存三傳，可見師法授受之道，在春秋經最初的傳承過程中，起到了至關重要的作用，一旦師法淹埋，則學説亦漸式微，甚至失傳。但三傳雖存，命運迥異。其中公羊、左氏二傳，或以師法振鐸，或以事備富麗，自古便有「顯學」之號，治之者衆，代代不絶。唯穀梁之學，反因文平意淡，常被學者輕視，待若雞肋，乃至有「孤微」之號。雖舊有師法，卻流於淺末，即使列爲學官，亦始終不比公、左之顯。直至東晉大儒范甯奮爲作春秋穀梁傳集解之後，穀梁師法乃得以總結，形成大觀。及范甯卒後，學者囿於成見，仍多務公、左，致使穀梁之學再度沉寂。後世即便稍有注本，但以其學久廢，注者多荒師法之正，而逞己意之偏，遂致本元更隱，學棟愈擘，穀梁幾成絶學。

本人自幼承父親楊龍先生嚴格教導，通讀並抄寫十三經，後積全部精力於春秋三傳，尤愛穀梁溫文清婉之風，於是覃思七載，奮筆三年，作成穀梁集解補注。

補注之作，立本范君集解，義理上以禮法爲核心，同時又詳考古説，察證群典，取迹漢魏，參差明清，目的在於切原春秋經法與師法，回歸春秋之本質。訓詁上遵從傳統訓詁方法，目的在於接續先賢文統。

補注以宋刊十行本春秋穀梁傳注疏（監本附音春秋穀梁傳注疏）爲底本，以鍾文烝補注本爲主校本，以唐石經本、四庫本爲參校本。凡經文、傳文、集解文字，皆據原本而録，不輕加改易，力求存原本面貌。其中異體字一般改爲規範用字。訓文中所引經、傳、集解文字，亦如是。對底本所用通假字，一般保持原字不變。遇經、傳所用避諱字，皆改回本字。對經文、傳文、注文若有所校勘，需説明者，皆以脚注形式另出校記，以作説明。

量海堂序

吾友楊友麟鵬，書成穀梁集解補注，囑余爲序，聊爲贅語。

「道」之爲詁，直也。先王之道，中直之道也。「經」之爲言，基也。列經之數，止於十三，大戴不得其所焉。其他如齊、魯、韓詩，慶氏之禮，京氏之易，鄒氏、夾氏之春秋，或存或亡，率皆不得與齊經數。

無經而有經，則勢之一變也。無文而有今文，經之一變也。今文而古文，一變。六經而五經，一變。五經而四書，一變。五經而十三經，一大變矣。道不變，而勢則不得不變。

以今日言，傳世之經籍，尚未可稱「經」。幽冥之蠹簡，詎何得言「勢」？友麟此書，以爲道不變之經體，則不足；視之勢變之一徵，則可爾。

周　爵

辛丑年四月

自序

夫天下之貴者，莫貴乎道。道之所安，惟以有德。德之所立，惟以有仁。仁之所施，惟以有義。義之所仍，惟以有禮。禮之所定，惟以有聖人。聖人既出，乃可以落訓成俗，敦化天下，於是政順。聖人不世出，故有文教，而莫備乎孔子。孔子之道，在乎六經。六經之重，莫重乎春秋。春秋者，群經之總要，聖人之行用也，先儒以是盡焉。故曰：「君子之於春秋，没身而已矣。」

先儒傳春秋者非一，今所存者，惟穀梁、公羊、左氏爾。又鄒氏無師，夾氏未有書，遂不得傳焉。要之以情，皆師法不振故也。惜乎！師法一頽，學並喪焉，君子所憑，寧不墜乎？

其若公羊、左氏，素冠顯富，又何、杜之名，流播甚著，故學者雖贊贊發明，亦終不絶圭臬。及若穀梁，則謂爲數奇，雖文壓竹帛，然以傳説紛錯，是非靡定，故雖有漢宣之起，榮廣之奮，亦不能久動上策，長響下學，於至浸微矣。

然十室之邑，必有忠信。千乘之國，代登君子。東晉鴻儒范君諱甯，字武子，少而篤學，多所通覽。簡文帝爲相，將辟之，爲桓温所諷，遂寢不行。温薨之後，始解褐爲餘杭令。在縣興學校，養生徒，潔己修禮，志行之士，莫不宗之。期年之後，風化大行。自中興已來，其崇學敦教，未有如范君者。徵拜中書侍郎，在職多所獻替，有益政道。孝武帝雅好文學，甚被親愛，凡朝廷疑議，輒諮訪之。范君所務惟學，尤勤於經，終年不輟。年六十三，卒於家。

初，范君以世之傳穀梁者穚援二傳，其辭理典據不足可觀，未堪善釋，遂沉思積年，與門徒商略名例，傳示同異，而作集解，謂之春秋穀梁傳集解。其義精審，楷古協今，世無出之者。又別爲略例百餘條，露潤厥學。於是穀梁自集解出，乃得師法蔚建，理判乎明也。

蓋世學之風，好鏤顯富，公、左而有焉。穀梁則自昔蔓蔽，學者亦多弛腕，遂致范學又塵，師法再隱，而營奇者得旆偏以襲正矣。魯地吴飛先生，字笑非，號太常，素業三禮，積功鄭學，居身穆穆，持志烝烝，謹乎著述，教乎鄉里，爲世之俊儒。以憂師法之乖舛，後學之不怙，每誨予以繼絶，實深睹殷鑒者也。又楚地周爵先生，字談鳳，元公裔孫，性中質正，剛道彊仁，其率弘心學，並長金石書畫，誠今儒之璆鏐，乃參差異同，爲孜校文字，左右義理，與力實深焉。二子行學慔慔，直諒多聞，皆我至交也。既朋且友，而我獨不敏，敢不盡諸？

聖人之旨，公焉奥焉，非孑獨所能漠也。故春秋之績，向嚴授受，懼其私且諂也已。又有循復之方，亦素縝次第，必循師復傳，循傳復例，循例復經，循經復義，循義復禮。惟禮之復，然後可以歸乎道也已。今爲掊歧説之亂飾，端師法之神華，乃妥諸經傳，凖諸集解，拇成尾注，謂之穀梁集解補注。所以謂之「補注」者，范君，師也。補師之未言，注師之定法，順經契傳，鏤例琢禮，以湧正出，以穿過辨，使涇河海爾。

云兹藏望，未敢嘩取，惟冀肅瑞璧於中庭，而待繫組綬於將來也。

蘭州楊鵬

庚子年立夏

春秋穀梁傳集解序

昔周道衰陵，乾綱絶紐，禮壞樂崩，彝倫攸斁，弑逆篡盜者國有，淫縱破義者比肩，是以妖災因釁而作，民俗染化而遷，陰陽爲之愆度，七耀爲之盈縮，川岳爲之崩竭，鬼神爲之疵厲。故父子之恩缺，則小弁之刺作。君臣之禮廢，則桑扈之諷興。夫婦之道絶，則谷風之篇奏。骨肉之親離，則角弓之怨彰。君子之路塞，則白駒之詩賦。

天垂象，見吉凶，聖作訓，紀成敗，欲人君戒慎厥行，增脩德政。蓋誨爾諄諄，聽我藐藐，履霜堅冰，所由者漸。四夷交侵，華戎同貫，幽王以暴虐見禍，平王以微弱東遷。征伐不由天子之命，號令出自權臣之門，故兩觀表而臣禮亡，朱干設而君權喪。下陵上替，僭逼理極。天下蕩蕩，王道盡矣。

孔子睹滄海之横流，乃喟然而歎曰：「文王既没，文不在兹乎！」言文王之道喪，興之者在己，於是就大師而正雅、頌，因魯史而脩春秋，列黍離於國風，齊王德於邦君，所以明其不能復雅，政化不足以被群后也。於時則接乎隱公，故因兹以託始，該二儀之化育，贊人道之幽變，舉得失以彰黜陟，明成敗以著勸誡，拯頹綱以繼三五，鼓芳風以扇遊塵。一字之褒，寵踰華衮之贈。片言之貶，辱過市朝之撻。德之所助，雖賤必申。義之所抑，雖貴必屈。故附勢匿非者無所逃其罪，潛德獨運者無所隱其名。信不易之宏軌，百王之通典也。先王之道既弘，麟感而來應。因事備而終篇，故絶筆於斯年。成天下之事業，定天下之邪正，莫善於春秋。

春秋之傳有三，而爲經之旨一。臧否不同，褒貶殊致。蓋九流分而微言隱，異端作而大義乖。左氏以鬻拳兵諫爲愛君，文公納幣爲用禮。穀梁以衛輒拒父爲尊祖，不納子糾爲内惡。公羊以祭仲廢君爲行權，妾母稱夫人爲合正。以兵諫爲愛君，是人主可得而脅也。以納幣爲用禮，是居喪可得而婚也。以拒父爲尊祖，是爲子可得而叛也。以不納子糾爲内惡，是仇讎可得而容也。以廢君爲行權，是神器可得而闚也。以妾母爲夫人，是嫡庶可得而齊也。若此之類，傷教害義，不可彊通者也。凡傳以通經爲主，經以必當爲理。夫至當無二，而三傳殊説，庸得不棄其所滯，擇善而從乎？既不俱當，則固容俱失。若至言幽絶，擇善靡從，庸得不並舍以求宗，據理以通經乎？雖我之所是，理未全當，安可以得當之難而自絶於希通哉！而漢興以來，瓌望碩儒各信所習，是非紛錯，準裁靡定，故有父子異同之論，石渠分爭之説。廢興由於好惡，盛衰繼之辯訥。斯蓋非通方之至理，誠君子之所歎息也。左氏艷而富，其失也巫。穀梁清而婉，其失也短。公羊辯而裁，其失也俗。若能富而不巫，清而不短，裁而不俗，則深於其道者也。故君子之於春秋，没身而已矣。

升平之末，歲次大梁，先君北蕃迴軫，頓駕於吴，乃帥門生故吏、我兄弟子姪，研講六籍，次及三傳。左氏則有服、杜之注，公羊則有何、嚴之訓。釋穀梁傳者雖近十家，皆膚淺末學，不經師匠。辭理典據，既無可觀，又引左氏、公羊以解此傳，文義違反，斯害也已。於是乃商略名例，敷陳疑滯，博示諸儒同異之説。昊天不弔，大山其頽，匍匐墓次，死亡無日，日月逾邁，跂及視息，乃與二三學士，及諸子弟，各記所識，並言其意。業未及終，嚴霜夏墜，從弟彫落，二子泯没，天實喪予，何痛如之！今撰諸子之言，各記其姓名，名曰春秋穀梁傳集解。

卷一

隱公

【補注】隱公名息姑，惠公之子，周公八世孫，以平王四十九年即位。隱，謚也。案謚法，隱拂不成曰「隱」。魯爲侯爵，而稱「公」者，以臣子於其國中，得褒其君稱「公」。春秋，魯史也。據魯臣子言之，故得稱「公」也。

【經】元年，春王，正月。

【集解】隱公之始年，周王之正月也。杜預曰：「凡人君即位，欲其體元以居正，故不言『一年』、『一月』也。」

【補注】考穀梁義，春秋體例，皆用「春王」連文作句，其上以承當年，下以啓時月，上下承啓，綜爲一統，然後列言百事也。可以知證者，案春秋，時唯待「春」，經乃具「王」，若此「元年，春王，正月」，莊二年「春王，二月，葬陳莊公」，莊六年「春王，三月，王人子突救衛」；時不待「春」，則經不具「王」，若莊元年「三月，夫人孫于齊」，莊十年「二月，公侵宋」，是知「王」必繫於「春」也。然春秋亦有雖待於「春」而經不具「王」者，以其在時例故也，若隱二年「春，公會戎于潛」，僖三十一年「春，取濟西田」。既在時例，便不得書月；無月，則上下不得承啓，不爲一統，故亦不須具「王」。隱二年范君曰：「凡年首，月承於時，時承於年，文體相接，春秋因書『王』以配之，所以見王者上奉時承天而下統正萬國之義。然春秋記事，有例時者，若事在時例，則時而不月；月繼事末，則月而不書『王』。書『王』，必皆上承『春』而下屬於月。文表年始，事莫之先，所以致恭而不黷者，他皆放此。唯桓有月無『王』，以見不奉王法爾。」其説甚覈。穀梁之義，信以傳信，疑以傳疑，故經書「夏五」，傳謂「日遠」；經録「鮑卒」，傳曰「二日」。是知經無妄改之筆，傳無妄揣之讀也。以考春秋，經於桓公、定公，皆信有其句，曰：「元年，春王。」是明録矣，悉其證也。又劉向習穀梁春秋，宗持其義。案向説苑君道引孔子曰：「文王似『元年』，武王似『春王』，周公似『正月』。」是向亦本孔子而作此讀，於知師法不紊，濫泉猶正也。其「文王似

『元年』」者，元年，長善之始也，似文王之始建德。「武王似『春王』」者，春王，新王之始也，似武王之始成王。「周公似『正月』」者，正月，政教之始也，似周公之始制禮。皆喻象以示次端者。蓋文王雖没，其神皇皇。周德雖衰，禮法便便。君子睹天下之凌遲，知王道之必興，遂託諸魯史，而作春秋，將聳禮法於亂階，致王道於太平也。故春秋者，禮事也。孔子曰：「夫禮，必本於太一，分而爲天地，轉而爲陰陽，變而爲四時，列而爲鬼神，其降曰命，其官於天也。」太一，天地之根，元气也。故春秋亦用「元」作首，曰「元年」者，所以建道之本、立德之基也。「春」者，四時之長，新化之始。下以「王」繫，曰「春王」者，其見新化天下，必從有王道也。又舉「正」，曰「正月」者，其見王道之衍必因禮法，禮法之當，必居正乃得之也。正之所居，禮法既當，於是能立君即位，守政宣教矣。是皆浚本以流末、溯天而礪治者。故君子深於春秋，雖逢亂世，遭患難，亦必居正，以禮法當今，以王道當來，以俟天命，此所以爲君子也。孟子曰：「五百年必有王者興，其間必有名世者。」

【傳】雖無事，必舉「正月」，謹始也。

【集解】謹君即位之始。

【補注】傳此所謂「無事」，非謂當春無事，乃謂經不書「公即位」，若無其事然。舉，猶

「稱」。案春秋，内新君即位，經或書「公即位」，或不書「公即位」，各有其義，凡書與不書，例皆必舉「正月」。唯定公獨在例外，義詳傳注。夫一君始立，則政教從此新出，王道從此又遞，故謹一君之始者，亦所以謹王道之遞也。

公何以不言「即位」？

【集解】據文公言「即位」。

【補注】即位，猶言「繼立」。新君繼立，而言「即位」者，見終始之義也。必踰年者，桓元年范君引杜預曰：「繼父之業，成父之志，不忍有變於中年也。諸侯每首歲，必有禮於廟，諸遭喪繼位者，因此而改元即位，百官以序，故國史亦書即位之事於策。」案文元年「春王，正月，公即位」，是文公言「即位」，傳曰：「繼正『即位』，正也。」范君曰：「繼正，謂繼正卒也。」又莊元年「春王，正月」，是莊公不言「即位」，傳曰：「繼弒君，不言『即位』，正也。繼弒君不言『即位』之爲正，何也？曰：先君不以其道終，則子不忍即位也。」今惠公正卒，隱亦踰年，又非繼弒，於例合書「公即位」，然經不書，傳遂執以設問。

成公志也。

【集解】成隱讓桓之志。

【補注】隱公志在讓桓，故唯居攝國政，不行即位之禮。

焉成之？言君之不取爲公也。

【集解】言隱意不取爲魯君也。公，君也。上言「君」，下言「公」，互辭。

君之不取爲公，何也？將以讓桓也。讓桓，正乎？曰：不正。

【集解】隱長桓幼。

【補注】太常先生曰：「庶子，但論長幼，不以母貴。同於左氏者也。」

春秋成人之美，不成人之惡。隱不正，而成之，何也？將以惡桓也。

【集解】不明讓者之善，則取者之惡不顯。

其惡桓，何也？隱將讓，而桓弒之，則桓惡矣。桓弒，而隱讓，則隱善矣。善，則其不正焉，何也？

【集解】據善無不正。

春秋貴義而不貴惠，

【集解】惠，謂私惠。

【補注】「貴義」言之，則公道勝焉。「貴惠」言之，則私道勝焉。傳其於此，見公、私之辨也。

信道而不信邪。

【集解】信,「申」字。古今所共用。

【補注】道,謂君子之所蹈者,則禮義是也。邪,謂斜曲不正。

孝子揚父之美,不揚父之惡。

【補注】傳此以「孝」言之者,即其謹始,見其慎終也。先君之終,亦後君之始。其終始之間,父子相繼,孝固存焉。曾子曰:「衆之本教曰『孝』,其行曰『養』。養可能也,敬爲難。敬可能也,安爲難。安可能也,久爲難。久可能也,卒爲難。父母既没,慎行其身,不遺父母惡名,可謂能終矣。」

先君之欲與桓,非正也,邪也。雖然,既勝其邪心,以與隱矣。

【集解】終歸之於隱,是以正道制邪心。

已探先君之邪志,而遂以與桓,則是成父之惡也。

【補注】隱公但知先君之欲與桓,不知與桓之非正,於是自居攝以待讓桓,其稱父邪心,反父正行,陷父於惡名,是不能終孝也。

兄弟，天倫也。

【集解】兄先弟後，天之倫次。

爲子，受之父。爲諸侯，受之君。

【集解】隱爲世子，親受命於惠公。爲魯君，已受之於天王矣。

【補注】君，謂王。桓元年范君曰：「諸侯無專立之道，必受國於王。」禮，諸侯嫡子，必誓於王，然後爲世子。及其父死，葬畢，執皮帛類見天子，天子授之，於是代父行國政。三年喪終，又以士服見王，王於廟命之，錫之黻冕圭璧，乃復侯禮。

已廢天倫，而忘君父，以行小惠，曰小道也。

【集解】弟先於兄，是廢天倫。私以國讓，是忘君父。

若隱者，可謂輕千乘之國。

【補注】「千乘」者，大國之兵賦，公、侯之所封。魯，侯國也。

蹈道，則未也。

【集解】未履居正之道。

【補注】君子在父，以孝言。在君，以忠言。諸侯稱孝於國，必先意承志，諭父母於道，其尤奉天子法度。故凡諸侯行孝，曰「度」。隱忘父命，既不孝矣；又忘君命，更不忠矣。忠孝，天下之公義也。讓桓，一人之私惠也。損天下之公，全一人之私，是無法度，不得禮義，非道也。

【經】三月，公及邾儀父盟于昧。

【集解】邾，附庸之國。昧，魯地。

【傳】「及」者何？內爲志焉爾。

【集解】內，謂魯也。

儀，字也。父，猶「傅」也，男子之美稱也。

【集解】傅，師傅。附庸之君，未王命，例稱名。善其結信於魯，故以字配之。

其不言「邾子」，何也？

【集解】據莊十六年「邾子卒」稱「邾子」。

邾之上古微，未爵命於周也。

【集解】邾自此以上是附庸國。

【補注】禮，王者之制禄爵，公、侯、伯、子、男，凡五等。天子之田方千里，公、侯田方百里，伯七十里，子、男五十里。不能五十里者，不合於天子，附於諸侯，曰「附庸」。郳，曹姓，自隱公以上，世爲魯之附庸，未得爵命，故傳曰「微」也。

不日，其盟渝也。

【集解】日者，所以謹信。盟變，故不日，七年「公伐郳」是也。

【補注】渝，變也。案下「九月，及宋人盟于宿」，傳曰：「卑者之盟，不日。」范君曰：「卑者，謂非卿大夫也。」言凡内之卿大夫以上盟，例皆書日，所以著其信期，若隱二年「秋，八月，庚辰，公及戎盟于唐」，是公盟書日；文八年「冬，十月，壬午，公子遂會晉趙盾盟于衡雍」，是卿大夫盟書日。此公盟，然不書日者，傳曰：「其盟渝也。」言宜信而未信，則其信期無可著，故去日不書。又襄十九年傳曰：「不日，惡盟也。」言盟約不義，其終雖守信，而本已非正，則其信期同無可著，故亦不書日也。此知凡内之卿大夫以上盟，不書日者，或以毁信，或以毁義，皆當所惡，故略之也。

眛，地名也。

【經】夏，五月，鄭伯克段于鄢。

【集解】段有徒衆，攻之，爲害必深，故謹而月之。鄢，鄭地。

【補注】案春秋，君殺大夫，例書時。若僖七年夏「鄭殺其大夫申侯」，襄三十年夏「天王殺其弟佞夫」，昭十四年「冬，莒殺其公子意恢」，皆書時。

【傳】「克」者何？能也。何能也？能殺也。何以不言「殺」？見段之有徒衆也。

【集解】言鄭伯能殺，則邦人不能殺矣。知段衆力彊盛，唯國君能殺之。

【補注】一人曰「殺」，衆人曰「克」。言「克」，則見「衆」義。能主衆人之生殺者，唯君爲能。

段，鄭伯弟也。何以知其爲弟也？殺世子、母弟目君。

【補注】目，猶「稱」也。凡撮舉總要，謂之「目」。「目君」，謂直稱某君，若此直稱「鄭伯」，亦襄三十年傳所謂「首惡」也。案春秋，凡天王、諸侯殺世子、母弟，皆直稱之。若僖五年「晉侯殺其世子申生」，是殺世子而直稱「晉侯」。襄三十年「天王殺其弟佞夫」，是殺母弟而直稱「天王」。世子，君之貳體。母弟，一母所出。皆宜加親貴者，而忍殺之，君子以爲甚焉，故直稱之，見君不仁也。

以其目君，知其爲弟也。

【集解】母弟，同母弟也。目君，謂稱「鄭伯」。

【補注】傳所以知段是鄭伯母弟而非世子者，案春秋，若君殺世子，例皆明稱「世子」，若僖五年「春，晉侯殺其世子申生」，襄二十六年「秋，宋公殺其世子座」，皆明稱「世子」。此未明稱「世子」，故知是母弟也。

段，弟也，而弗謂「弟」。

【補注】案「天王殺其弟佞夫」稱「弟」。

公子也，而弗謂「公子」。

【補注】案莊二十二年「陳人殺其公子禦寇」稱「公子」。

貶之也。段失子、弟之道矣。賤段，而甚鄭伯也。

【集解】賤段，謂不稱「公子」、「公弟」。甚鄭伯，謂目君也。

【補注】夫氏者，臣之寵號，位尊乃賜，所以勉善者。故聞其氏，則知其德。今段懷逆志，絶親棄義，失子、弟之道，無可稱善德，故亦奪其氏族，貶而賤之也。

何甚乎鄭伯？甚鄭伯之處心積慮，成於殺也。

【集解】雍曰：「段恃寵驕恣，彊足當國，鄭伯不能防閑以禮，教訓以道，縱成其罪，終致大辟，處心積思，志欲殺弟。」

「于鄢」，遠也。猶曰取之其母之懷中而殺之云爾，甚之也。

【集解】段奔走，乃至于鄢，去已遠矣，鄭伯猶追殺之，何以異於探其母懷中赤子而殺之乎？君殺大夫，例不地。甚鄭伯之殺弟，故謹其地。

【補注】言所至地，見追之急也。

然則爲鄭伯者宜奈何？緩追逸賊，親親之道也。

【集解】君親無將，將而必誅焉，此蓋臣子之道。所犯在己，故可以申兄弟之恩。

【補注】必追之者，所以正君臣之義。必緩之者，所以申兄弟之恩。

【經】秋，七月，天王使宰咺來歸惠公仲子之賵。

【集解】宰，官。咺，名。仲，字。子，宋姓也。婦人以姓配字，明不忘本，示不適同姓也。妾子爲君，賵當稱謚，「成風」是也。仲子乃孝公時卒，故不稱謚。賵，例時。書月，以謹其晚。

【補注】歸，同「饋」。以物與人曰「饋」。案周禮，宰者，太宰，上大夫卿一人；小宰，中大夫二人；宰夫，下大夫四人、上士八人、中士十有六人、旅下士三十有二人。案桓四年「夏，天王使宰渠伯糾來聘」，伯糾，其字也，范君曰：「天子下大夫，老故稱字。」又定十四年「天王使石尚來歸脤」，傳曰：「其辭『石尚』，士也。何以知其士也？天子之大夫不名。」準此二義，則天子之臣稱名者，或以是下大夫而未滿五十，或以是士故也。此「咺」，既稱名，則或是宰夫，或是宰士也。案春秋，凡王臣繫官者，唯宰。僖九年傳曰：「天子之宰，通於四海。」宰者，六官之長，通於四海，故得以官録爲常，若此「宰咺」，桓四年「宰渠伯糾」，僖九年「宰周公」，皆以官録稱「宰」。餘則皆不以官録爲常。

【傳】母以子氏。

【集解】妾不得體君，故以子爲氏。平王新有幽王之亂，遷于成周，欲崇禮諸侯，仲子早卒，無由追賵，故因惠公之喪而來賵之。

【補注】「母以子氏」者，謂春秋極别尊卑，妾之子雖得爲君，其母亦不得體君稱「夫人」，但得以其子爲氏稱也。若此稱「惠公仲子」，是仲子以「惠公」爲氏稱。又文九年冬「秦人來歸僖公成風之襚」稱「僖公成風」，成風是僖公之母，莊公之妾，故成風以「僖公」爲氏稱。

「仲子」者何？惠公之母，孝公之妾也。禮，賵人之母，則可；賵人之妾，則不可。君子以其「可」辭受之。

【補注】禮之所將施受者，必名正而言順也。故以爲賵惠公之母來，此禮之所許，則名義可以受之。若以爲賵孝公之妾來，此禮之不許，則名義不可以受之也。

其志，不及事也。

【集解】常事不書。

【補注】案莊二十四年「夏，公如齊逆女」，傳曰：「親迎，恒事也，不志。此其志，何也？不正其親迎于齊也。」恒，常也。春秋者，君子勘亂之書，其禮所常行者，非在亂疇，例皆不志。雖例不志，但行及有失，亦特志之。失之重，則志以月，若此「秋，七月，天王使宰咺來歸惠公仲子之賵」，天王，至尊矣，賵至尊者猶不及事，見失尊王之道，故以爲重而志之以月。失之輕，則志以時，若文九年冬「秦人來歸僖公成風之襚」，亦不及事，然同爲諸侯，又與魯絕遠，得可恕之道，故以爲輕而志之以時也。

「賵」者，何也？乘馬曰「賵」，衣衾曰「襚」，貝玉曰「含」，錢財曰「賻」。

【集解】四馬曰「乘」。含，口實。

【補注】賵、襚、含、賻，皆贈死助生之物。鄭玄云：「凡喪，始死弔而含襚，葬而賵贈，其間加恩厚，則有賻焉。」是賵、襚、含皆正禮，其所以贈死者也。賻非正禮，恩厚乃加焉，其所以助生者也。

【經】九月，及宋人盟于宿。

【傳】「及」者何？内卑者也。宋人，外卑者也。卑者之盟，不日。

【集解】卑者，謂非卿大夫也。凡非卿大夫盟，信之與不，例不日。

【補注】凡卿大夫以下，以其位卑，縱使有所盟事，亦必無關國重，故略不著其盟日。莊十七年傳曰：「卑者，不志。」謂卑者不以名氏通達於春秋。既不以名氏通達，則宜略稱「人」也。但魯史記事之體，他國之卑者，可略稱「某人」，己之卑者，不得自稱「魯人」，故全隱之，但書「及」爾。

宿，邑名也。

【經】冬，十有二月，祭伯來。

【補注】祭伯，天子之大夫。祭，采邑以爲氏者。伯，字也。

【傳】「來」者，來朝也。

【補注】諸侯相見曰「朝」。

其弗謂「朝」，何也？寰内諸侯，非有天子之命，不得出會諸侯。

【補注】左傳云：「『十有二月，祭伯來』，非王命也。」

不正其外交，故弗與「朝」也。

【集解】天子畿内大夫有采地，謂之「寰内諸侯」。

【補注】天子畿方千里，其内曰「寰内」。王官於寰内，各君其采邑，故亦具「諸侯」之名。弗與，弗許也。禮，爲人臣者，無外交之道。寰内諸侯，雖具「諸侯」之名，但實當天子内臣爾。未若列土諸侯得傳子孫，世世稱君，南面而治，因有不純臣義。

聘弓鍭矢不出竟場，

【補注】金鏃翦羽謂之「鍭」。古者，以弓矢相聘問，故曰「聘弓鍭矢」。竟，同「境」。場，疆場也。

束脩之肉不行竟中，

【補注】束脩，十脡脯也，所以稍相餽贈，屬禮之薄者。若其厚者，則有玉帛之屬。行，亦猶「出」，對文爾。禮記檀弓所謂「古之大夫，束脩之問不出境」是也。薄者且不得出，厚者從可知矣。

有至尊者，不貳之也。

【集解】聘遺，所以結二國之好，將彼我之意。臣當稟命於君，無私朝聘之道。

【補注】「至尊」，謂天王。春秋之義，上至尊在，下不敢申私尊。下申私尊，則是兩尊。兩尊，則是無別。無別，則將行己。行己，則將私道勝，而亂公道矣。今祭伯自來朝，即於天王外又私尊魯，故曰「貳之」。書云：「天子惟君萬邦，百官承式。王言，惟作命。不言，臣下罔攸禀令。」故凡上出爲命，下禀爲令，禮也。君子尊尊以禮，未有以非禮者，知取貴乎公，絶私亂之所漸焉爾。此亦通諸侯及其大夫。

【經】公子益師卒。

【補注】大夫死曰「卒」。

【傳】大夫日「卒」，正也。

【集解】君之卿佐，是謂股肱。股肱或虧，何痛如之？故録其卒日以紀恩。

不日「卒」，惡也。

【集解】罪，故略之。

【補注】益師之罪，經傳皆無文，蓋在春秋之前，故無可言及也。然雖在春秋之前，經於其「卒」猶去日不書，傳亦並曰「惡」，是見君子之謹於善惡也。

【經】二年，春，公會戎于潛。

【集解】凡年首，月承於時，時承於年，文體相接，春秋因書「王」以配之，所以見王者上奉時承天而下統正萬國之義。然春秋記事，有例時者，若事在時例，則時而不月。月繼事末，則月而不書「王」。書「王」必皆上承春，而下屬於月。文表年始，事莫之先，所以致恭而不黷者，他皆放此。唯桓有月無「王」，以見不奉王法爾。南蠻、北狄、東夷、西戎，皆底羌之別種。潛，魯地。會，例時。

【傳】「會」者，外爲主焉爾。

【補注】「外爲主」者，謂彼爲主會，我往客會也。

知者慮，

【集解】察安審危。

義者行，

【集解】臨者能斷。

仁者守。

【集解】衆之所歸，守必堅固。

有此三者，然後可以出會。

【補注】孔子曰：「知、仁、勇三者，天下之達德也。」傳曰「義」者，勇必由義行也。

「會戎」，危公也。

【集解】無此三者，不可以會，而况會戎乎？

【補注】戎狄，不若諸夏親暱，更貪而無義，故危之也。案春秋，凡公往會，危之，例書月以顯。若十年「春王二月，公會齊侯、鄭伯于中丘」，范君曰：「隱行，自此皆月者，天告雷雨之異，以見篡弑之禍，而不知戒懼，反更數會，故危之。」此亦危公，其當書月，然經不書者，爲既言「會戎」，則危之可知，不待月顯矣。

【經】夏，五月，莒人入向。

【集解】入，例時，惡甚則日，次惡則月。他皆放此。

【補注】僖元年范君曰：「小國，君將稱君，卿將稱人，不得稱師。」莒，小國也，故稱「人」。

【傳】「入」者，内弗受也。

【集解】入無小大，苟不以罪，則義皆不可受。

【補注】「入」之言，內得有拒之之辭也。

向，我邑也。

【集解】自魯而言，故曰「我」也。

【經】無侅帥師入極。

【集解】二千五百人爲「師」。

【補注】大國君將稱君，將尊師衆稱某帥師。

【傳】「入」者，內弗受也。極，國也。

【集解】諱滅同姓，故變「滅」言「入」。傳例曰，滅國有三術，中國，日；卑國，月；夷狄，時。極，蓋卑國也。內，謂所入之國，非獨魯也。

【補注】此再爲「入」義發傳者，因是魯自入之，經文從變，嫌將外內有差，文變生異，故再爲發傳，廣決其嫌也。案春秋，傳多附經屢發者，皆可以廣決嫌也。

苟焉以入人爲志者，人亦入之矣。不稱氏者，滅同姓，貶也。

【補注】極之與魯，同爲姬姓。同姓，則一祖所出，親乎異姓。於本當親比，而反滅之，是絶先祖支體，亦自絶也，故奪其氏族以貶之。

【經】秋，八月，庚辰，公及戎盟于唐。

【集解】傳例曰，「及」者，内爲志焉爾。唐，魯地。

【經】九月，紀履緰來逆女。

【集解】不親逆，則例月，重録之。親迎，則例時。

【補注】來逆伯姬也。禮，自天子至於庶人，娶皆親迎。春秋以爲恒常之事，故不志之。雖常不志，但及不親迎，亦特志而書月，以重見其非禮也，此「九月，紀履緰來逆女」是。若雖及親迎，然於義有否，亦特志之，以見其非正也，但唯書時，明禮合親迎爾，莊二十四年「夏，公如齊逆女」是。

【傳】逆女，親者也。

【集解】親者，謂自逆之也。

使大夫，非正也。

【補注】唯夫人者，爲君之敵體也，故當重之而親逆。若使大夫逆，則輕夫人。輕夫人，是君亦自輕矣。

以國氏者，爲其來交接於我，故君子進之也。

【集解】傳例曰，當國，以國氏；卑者，以國氏；進大夫，以國氏。國氏雖同，而義各有當。公子、公孫篡君代位，故去其氏族，國氏以表其無禮，齊無知之徒是也。若庶姓微臣，雖爲大夫，不得爵命，無代位之嫌，既不書其氏族，當知某國之臣，故國氏以別之，宋萬之倫是也。履緰以名繫國，著其奉國重命，來爲君逆，得接公行禮，故以國氏重之。成九年宋不書「逆女」，以其逆者微。今書「履緰」，亦足知其非卑者。公羊傳曰：「春秋貴賤不嫌同號，美惡不嫌同辭。」左氏舍族之例，或厭以尊君，或貶以著罪。此傳隱公去「即位」以明讓，莊公去「即位」以表繼弒，文同而義異者甚衆，故不可以一方求之。

【經】冬，十月，伯姬歸于紀。

【集解】伯姬，魯女。

【補注】伯，字。姬，姓也。案春秋，内女歸，例月。

【傳】禮，婦人謂嫁曰「歸」，反曰「來歸」，

【集解】嫁而曰「歸」，明外屬也。反曰「來歸」，明從外至。反，謂爲夫家所遣。

【補注】「嫁曰『歸』」者，若此「伯姬歸于紀」，又桓八年「春，紀季姜歸于京師」是。「反曰『來

歸」者，若文十五年冬「十有二月，齊人來歸子叔姬」，又宣十六年「秋，郯伯姬來歸」是。

從人者也。婦人在家，制於父。既嫁，制於夫。夫死，從長子。婦人不專行，必有從也。

【補注】專行，謂擅制也。婦治陰德，陰以順行，故婦人無擅制之義，必有所順從者。大戴禮云：「『女』者，如也。『子』者，孳也。『女子』者，言如男子之教，而長其義理者也。故謂之『婦人』。婦人，伏於人也。是故無專制之義，有三從之道。在家從父，適人從夫，夫死從子，無所敢自遂也。教令不出閨門，事在饋食之間而已矣。是故女及日乎閨門之内，不百里而奔喪，事無獨爲，行無獨成之道。參之而後動，可驗而後言，宵行以燭，宫事必量，六畜蕃於宫中，謂之信也。所以正婦德也。」劉向引孔子云：「日者天之明，月者地之理。陰契制，故月上屬爲天使。婦人從夫，仿月紀。」婚義云：「婦順不脩，陰事不得，適見於天，月爲之食。」

「伯姬歸于紀」，此其如專行之辭，何也？

【補注】「伯姬歸于紀」，文若伯姬無所順從，而專自行之，故傳曰「如專行之辭」。

曰：非專行也。吾伯姬歸于紀，故志之也。

【補注】在魯言之，故曰「吾伯姬」。以是魯女，故申其恩義，而特志之，其實非專行也。

其不言「使」，何也？

【集解】怪不言「使履綸來逆女」。

【補注】此設問上「九月，紀履綸來逆女」不言「使」之義。案上言「紀履綸來逆女」，知是紀使大夫逆。使大夫，則當言「使」，若成八年「夏，宋公使公孫壽來納幣」，而經於履綸來逆不言「使」，傳遂執以設問。

逆之道微，無足道焉爾。

【集解】言君不親迎，而大夫來逆，故曰「微」也。既失其大，不復稍明其細，故不言「使履綸」也。

【補注】凡逆女，禮必親迎，親迎，無得言「使」。言「使」，見非親迎，其夫婦之道微矣。微，則不足道，故文亦略爾。

【經】紀子伯莒子盟于密。

【集解】密，莒地。

【補注】八年傳曰：「外盟不日。」

【傳】或曰，紀子伯莒子，而與之盟。

【集解】紀子以莒子爲伯，而與之盟。伯，長也。

【補注】言紀子推莒子爲長，而與莒子盟焉。

或曰，年同爵同，故紀子以伯先也。

【集解】年爵雖同，紀子自以爲伯而先。

【補注】言紀子自推爲長，而與莒子盟焉。桓五年傳曰：「春秋之義，信以傳信，疑以傳疑。」疑不能決，遂存其兩説也。王制：「千里之外設方伯，五國以爲屬，屬有長。十國以爲連，連有帥。三十國以爲卒，卒有正。二百一十國以爲州，州有伯。」其若州伯，則用賢侯爲之。其若卒正、連帥、屬長，則次第用伯、子、男賢者爲之。案王制雖殷法，於周亦當然。經此謂「伯」，蓋即盟相推長，授作連帥之謂。長、帥、正、伯，皆諸侯長，帥小伯大，乃變小稱，大以「伯」稱者，禮，凡長、帥、正、伯，必天子所命，方伯所領，今始私盟推授，是伯職不脩，王命由墮，故大以「伯」稱，見深責之爾。太常先生曰：「二國本無所主，而一國主之，故書『伯』以示變。紀例在莒前，故此特書紀子尊莒子，而仍以紀在前。又密，爲莒地，則前説當。」

【經】十有二月，乙卯，夫人子氏薨。

【集解】夫人薨，例日。夫人曰「薨」，從夫稱。

【補注】僖八年傳曰：「言夫人，必以其氏姓。言夫人而不以氏姓，非夫人也。」「言夫人，必以其氏姓」者，即若此稱「夫人子氏」，子，宋姓也；又若莊二十一年「秋，七月，戊戌，夫人姜氏薨」稱「夫人姜氏」，姜，齊姓也。

【傳】夫人薨，不地。

【集解】夫人無出竟之事，薨有常處。

「夫人」者，隱之妻也。卒而不書「葬」，夫人之義，從君者也。

【集解】隱弒，賊不討，故不書「葬」。

【補注】隱公不書「葬」，故夫人亦從之不書。

【經】鄭人伐衛。

【集解】傳例曰，斬樹木、壞宫室曰「伐」。伐，例時。

【經】三年，春王，二月，己巳，日有食之。

【集解】杜預曰：「日行遲，一歲一周天。月行疾，一月一周天。一歲，凡十二交會。然日月動物，雖行度有大量，不能不小有盈縮，故有雖交會而不食者，或有頻交而食者。唯正陽之月，君子忌之，故有伐鼓用幣之事。」京房易傳曰：「日者，陽之精，人君之象。驕溢專明，爲陰所侵，則有日有食之災。不救，必有篡臣之萌。其救也，君懷謙虚下賢，受諫任德，日食之災爲消也。」

【補注】案春秋唯書日食，不書月食者，蓋若日食，則陰侵陽、臣侵君之象，是逆事也，故謹而書之；其若月食，則陽侵陰、君侵臣之象，非逆事也，故略不書之。

【傳】言日，不言朔，食晦日也。

【補注】月初爲「朔」，月終爲「晦」。案己巳，是正月晦日，而冠以「二月」者，以交會之正，必主於朔，今雖未朔而食，著之此月，所以正其本也。取前月之日，而冠以後月，故不得稱「晦」。

其日有食之，何也？

【補注】問日食之狀。

吐者外壤，食者内壤。

【集解】凡所吐出者，其壤在外。其所吞咽者，壤入於内。

【補注】此答上問。日始將食，日壤漸没，若爲物所吞咽於内，故曰「食者内壤」。食盡之後，日壤漸生，若爲物所吐出於外，故曰「吐者外壤」。

闕然不見其壤，有食之者也。

【集解】今日闕損，而不知壤之所在，此必有物食之。

有内辭也，或外辭也。

【集解】邵曰：「食者内壤，故曰『内辭』。吐者外壤，故曰『外辭』。傳無外辭之文者，蓋時無外壤也。而曰『或外辭』者，因事以明義例爾。猶傳云『二穀不升謂之「饉」，四穀不升謂之「康」』，亦無其事。」

【補注】凡日食，自始至終，有二種象。始則日壤漸没，又至於食盡，爲食之象。終則日壤食盡，又至於漸生，爲吐之象。一食一吐，合爲日食也。蓋以有二種象，是亦有内、外兩種之辭。其食之象，經以「日有食之」言之。「日有食之」者，主日壤漸食於月内以言，故爲「内辭」。其吐之象，主日壤漸吐於月外以言，故爲「外辭」。此或亦有辭以言之，但經不言爾。蓋春秋重日之見食之變，故於日食之災，嚴其災來，寬其災往，遂主以内辭言之，不主以外辭言之，因唯有内辭而無外辭也。

「有食之」者，内於日也。

【集解】内於日，以壤不見於外。

【補注】此申上「内辭」之義。

其不言食之者，何也？知其不可知，知也。

【補注】莊十八年范君引何休曰：「春秋不言月食日者，以其無形，故闕疑。」

【經】三月，庚戌，天王崩。

【集解】平王也。

【補注】天子死曰「崩」。

【傳】高曰「崩」，

【集解】梁山〔一〕崩。

厚曰「崩」，

〔一〕「山」，原誤作「曰」，據鍾本改。

【集解】沙鹿崩。

尊曰「崩」。天子之「崩」，以尊也。其「崩」之，何也？以其在民上，故「崩」之。其不名，何也？大上，故不名也。

【集解】夫名者，所以相别爾。居人之大，在民之上，故無所名。

【補注】案春秋，外諸侯卒，皆例稱名。天子崩，不稱名者，尊天子也。魯君薨，不稱名者，别内外也。

【經】夏，四月，辛卯，尹氏卒。

【集解】文三年「王子虎卒」不日。此日者，録其恩深也。

【傳】「尹氏」者，何也？天子之大夫也。外大夫不「卒」，此何以「卒」之也？於天子之崩，爲魯主，故隱而「卒」之。

【集解】隱，猶「痛」也。周禮大行人職曰：「若有大喪，則詔相諸侯之禮。」然則尹氏時在職，而詔魯人之弔者。不書官、名，疑其譏世卿。

【補注】春秋於外大夫卒者，以恩所不及，故例皆不志。若志，必恩有所及故。所及之中，又以恩之深淺加焉。恩深則日，若此「辛卯，尹氏卒」，傳曰：「於天子之崩爲魯主，故隱而『卒』之。」恩淺則否，若文三年「夏，五月，王子虎卒」，傳曰：「以其來會葬，我『卒』之也。或曰，以其嘗執重以守也。」既志其「卒」，則例當書名，若「王子虎卒」書名，又定四年「劉卷卒」亦書名。然此「尹氏卒」不書名，而以「氏」言之者，案宣十年「齊崔氏出奔衛」，傳曰：「『氏』者，舉族而出之之辭也。」則此稱「尹氏」者，亦舉族之辭也。公羊云：「其稱『尹氏』何？譏世卿。」何休據宰渠伯糾書官氏，又劉卷於「卒」書名，以爲尹氏不書官、名，而以「氏」言之者，爲起其世，若曰「世世尹氏」也。穀梁雖明無此義，然同以言「氏」爲舉族之辭，二傳一出，推諸穀梁，或亦如之，故可以準之存焉，稍申疑義也。王制：「大夫不世爵，使以德，爵以功。」

【經】秋，武氏子來求賻。

【集解】天王使不正者月。今無君，不稱「使」，故亦略而書時。

【傳】「武氏子」者，何也？天子之大夫也。天子之大夫，其稱「武氏子」，何也？

【補注】天子之大夫，例當氏而稱字。此直以「武氏子」言之，傳遂執以設問。

未畢喪，孤未爵。

【集解】平王之喪在殯。

【補注】武氏子，天子大夫武氏之子，新嗣爲大夫者。平王崩，桓王未即位，猶不得爵命大夫，故不氏名其人，唯稱父以言子也。「武氏」稱「氏」，蓋亦譏世卿。孤，謂桓王。

未爵使之，非正也。其不言「使」，何也？

【集解】據桓十五年「天王使家父來求車」稱「使」。

無君也。

【集解】桓王在喪，未即位，故曰「無君」。

【補注】無君，則無所以使臣，故不得言「使」。

歸死者曰「賵」，歸生者曰「賻」。曰「歸」之者，正也。「求」之者，非正也。

【集解】喪事無求，而有賵賻。

【補注】案周禮，天子取財天下，凡邦國之貢，以待弔用；凡萬民之貢，以充府庫。故惟天子，惟富於禮，其無私求之道也。諸侯取財一國，義亦當然。

周雖不求，魯不可以不歸。魯雖不歸，周不可以求之。「求」之爲言，得不得未可知之辭也。交譏之。

【補注】交，「參錯」之謂。責之微者曰「譏」。交譏之，謂譏之於周，而魯亦參錯與焉。曲禮云：「弔喪弗能賻，不問其所費。」賻之爲物，恩厚乃加，雖周與魯，其恩相厚，然終非正禮，亦不必有，亦不必無，既在可否之間，故稍責之爾。春秋因是以見周之窮乎禮、魯之薄乎恩也矣。

【經】八月，庚辰，宋公和卒。

【集解】天子曰「崩」，諸侯曰「薨」，大夫曰「卒」，周之制也。春秋所稱，曲存魯史之義。内稱「公」而書「薨」，所以自尊其君，則不得不略外諸侯書「卒」以自異也。至於既葬，雖邾、許子男之君，皆稱謚而言「公」，各順臣子之辭，兩通其義。鄭君曰：「禮雜記上曰：『君薨，赴於他國之君曰：「寡君不禄，敢告於執事。」』曲禮下曰：『壽考曰「卒」，短折曰「不禄」。』君薨，赴而云『不禄』者，臣子之於君父，雖有壽考，猶若短折，痛傷之至也。若赴稱『卒』，是以壽終，無哀惜之心，非臣子之辭。鄰國來赴，書以『卒』者，無老無幼，皆以成人之稱，亦所以相尊敬。」

【傳】諸侯日「卒」，正也。

【集解】正，謂承嫡。

【補注】文元年范君引徐乾曰：「中國君『卒』，正者例日，篡立不正者不日；夷狄君

『卒』，皆略而不日，所以殊夷夏也。」又襄三十年復引之曰：「凡中國君正『卒』，皆書日以録之；夷狄君『卒』，皆不日以略之，所以别中國與夷狄。夷狄弑君而日者，閔其爲惡之甚，謹而録之。中國君『卒』例日，不以弑與不弑也。至于『卒』而不日者，乃所以略之與夷狄同例。」宋繆公和，宣公弟也。蓋爲殷後，兄終弟及，殷禮有焉，其道猶周之承嫡，故得日「卒」言「正」爾。

【經】冬，十有二月，齊侯、鄭伯盟于石門。

【集解】傳例曰，外盟不日。石門，齊地。

【經】癸未，葬宋繆公。

【補注】案文六年公子遂如晉葬晉襄公，九年叔孫得臣如京師葬襄王，皆言使人，此不言使人者，非卿故。春秋凡葬外君不言使人者，皆非卿故。

【傳】日「葬」，故也。

【補注】故，謂有變故。

危不得葬也。

【集解】天子七月而葬，諸侯五月而葬，大夫三月而葬。傳例曰，諸侯時「葬」，正也。

傳曰：『葬曰「會」。』言有天子、諸侯之使，共赴會葬事，故凡書『葬』，皆據我而言葬彼。月「葬」，故也。日者，憂危最甚，不得備禮葬也。他皆放此。徐邈曰：「文元年傳所以不稱『宋葬繆公』而言『葬宋繆公』者，弔會之事，賵襚之命，此常事無所書，故但記『卒』、記『葬』，録魯恩義之所及，則哀其喪而恤其終，亦可知矣。若存没隔絶，情禮不交，則『卒』、『葬』無文。或有書『卒』不書『葬』，蓋外雖赴卒，而内不會葬，無其事則闕其文，史策之常也。穀梁傳稱『變之不「葬」有三，弑君不「葬」，國滅不「葬」，失德不「葬」』，言夫子脩春秋，所改舊史以示義者也。弑君之賊，天下所當同誅，而諸侯不能治，臣子不能討，雖葬事是供，義何足算？亡國之君，喪事不成，則不應書『葬』。失德之主，無以守位，故没『葬』文。傳於宋襄公著失民之咎，宋共公發非葬之問，言伯姬賢而不答，共公不能弘家人之禮。然則爲君者，外之不足以全國，内之不足以正家，皆所謂失德而終，禮宜貶者也。於時諸國多失道，不可悉去其『葬』，故於二君示義，而大體明矣。」

卷二

【經】四年，春王二月，莒人伐杞，取牟婁。

【集解】傳例曰，「取」，易辭也。伐國不言圍邑，言圍邑，皆有所見。伐國及取邑，例時。此月者，蓋爲下戊申，衛君完卒日起也。凡例宜時，而書月者，皆緣下事當日故也。日必繼於月，故不得不書月。事實在先，故不得後録也。他皆放此。

【傳】傳曰，言「伐」言「取」，所惡也。

【集解】稱「傳曰」者，穀梁子不親受于師，而聞之於傳者。既伐其國，又取其土，明伐不以罪，而貪其利，兩書「取」、「伐」，以彰其惡。

諸侯相伐取地於是始，故謹而志之也。

【集解】春秋之始。

【補注】案「莒人伐杞，取牟婁」，是外取邑。六年傳曰：「外取邑，不志。」此其志者，僖十七年傳曰：「君子惡惡，疾其始。」舉春秋以言，諸侯上無王命之承，下私攻伐取邑，即自此「伐杞」以爲首，疾貪地之惡始開焉，故特謹而志之也。

【經】戊申，衛祝吁弑其君完。

【集解】弑君，日與不日，從其君正與不正之例也。祝吁，衛公子。

【傳】大夫弑其君，以國氏者，嫌也。弑而代之也。

【集解】凡非正嫡，則謂之「嫌」。

【經】夏，公及宋公遇于清。

【集解】遇，例時。清，衛地。

【傳】「及」者，内爲志焉爾。

【集解】元年，與宋人盟于宿，故今復尋之。

「遇」者，志相得也。

【集解】八年傳曰：「不期而會曰『遇』。」今曰「内爲志」，非不期也。然則「遇」有二義。

【經】宋公、陳侯、蔡人、衛人伐鄭。

【經】秋，翬帥師會宋公、陳侯、蔡人、衛人伐鄭。

【傳】「翬」者，何也？公子翬也。其不稱「公子」，何也？

【集解】據莊二年「公子慶父帥師伐於餘丘」稱「公子」。

貶之也。

【集解】杜預曰：「外大夫貶，皆稱『人』。内大夫貶，皆去族、稱名。記事之體，他國可言『某人』，而己之卿佐，不得言『魯人』。」

何爲貶之也？與于弑公，故貶也。

【補注】案左傳，隱公既攝，公子翬欲求爲大宰，乃請殺桓。公曰：「爲其少故也，吾將授之矣。使營菟裘，吾將老焉。」翬懼，又反譖公於桓，遂弑之。

【經】九月，衛人殺祝吁于濮。

【集解】濮，陳地水名。

【傳】稱「人」以殺，殺有罪也。

【集解】有弑君之罪者，則舉國之人皆欲殺之。

祝吁之挈，失嫌也。

【集解】不書氏族，提挈其名而道之也。衆所同疾，威力不足以自固，失當國之嫌。

【補注】祝吁前以國氏者，是見其無禮，有當國之嫌，故以國氏之。今既討受誅，則失當國之嫌，故亦去其國氏。弑君之賊，失道喪德，又宜貶去他氏，故直挈之稱名爾。

其月，謹之也。

【集解】討賊，例時也。衛人不能即討祝吁，致令出入自恣，故謹其時月所在，以著臣子之緩慢也。

「于濮」者，譏失賊也。

【集解】譏其不即討，乃令至濮。

【補注】弑君之賊，天下所不得容，國人之義，必即刻討之，不令得奔。賊不得奔，討在本國，則例不須書地，若莊九年「春，齊人殺無知」不地是也。此地者，見賊有以得奔，國人失即討之義也。

【經】冬，十有二月，衛人立晉。

【集解】「立」、「納」、「入」，皆篡也。大國篡，例月。小國，時。

【補注】衛人既殺祝吁，乃逆公子晉于邢，遂立之，是爲衛宣公。

【傳】「衛人」者，衆辭也。

【補注】案元年「九月，及宋人盟于宿」，傳曰：「『宋人』，外卑者也。」此傳曰：「『衛人』者，衆辭也。」是稱「人」有二義。

「立」者，不宜立者也。

【集解】嗣子有常位，故不言「立」。

晉之名，惡也，

【集解】惡，謂不正。

【補注】晉下既非嫡長之貴，上又無君父之命，則尤不正也。

其稱「人」以立之，何也？得衆也。得衆，則是賢也。賢，則其曰「不宜立」，何也？春秋之義，諸侯與正而不與賢也。

【集解】雍曰：「正，謂嫡長也。夫多賢，不可以多君。無賢，不可以無君。立君，非以尚賢，所以明有統也。建儲，非以私親，所以定名分。名分定，則賢無亂長之階，而自賢之禍塞矣。君無嬖幸之由，而私愛之道滅矣。」

【補注】「正」者，公道也。「賢」者，私才也。春秋無以賢奪正、以私廢公之義，故於國也，莅之以正，不莅之以賢。賢而不正，佞其由生矣。於天下也，莅之以公，不莅之以私。私而不公，亂其由生矣。

【經】五年，春，公觀魚于棠。

【集解】傳例曰，公往，時，正也。正，謂無危事耳。棠，魯地。

【補注】公使𡿪人設獵魚之備，觀其獵魚，以爲戲樂也。案周禮，𡿪人掌以時𡿪爲梁。魚，猶「漁」。棠，魯濟上邑。

【傳】傳曰，常事曰「視」，

【集解】「視朔」之類是。

非常曰「觀」。

【集解】「觀魚」之類是。

禮，尊不親小事，卑不尸大功。

【集解】尸，主。

【補注】尊親小事，則將奪下利。卑尸大功，則將專上名。凡官，皆尊者少而攝總要，卑者衆而分事職，必攝分由禮，考績循義，於是乃可以防奪遏專矣。故曲禮云：「天子穆穆，諸侯皇皇，大夫濟濟，士蹌蹌，庶人僬僬。」雖論其行止容貌，亦關其尊卑攝分也。

魚，卑者之事也。

【集解】周禮：「𩾃人，中士、下士。」

【補注】肉不登俎，材不登器，不在講習大事之間，故爲卑也。

公觀之，非正也。

【補注】以公之尊奪卑之事，違物法度，亂民視聽，其將無以行教矣。

【經】夏，四月，葬衛桓公。

【傳】月葬，故也。

【集解】有祝吁之難，故十五月乃葬。

【經】秋，衛師入郕。

【傳】「入」者，内弗受也。郕，國也。

【補注】文王之子郕叔武所受封國也。

將卑師衆曰「師」。

【集解】書其重者也。將卑，謂非卿。

【補注】傳曰「將卑師衆曰『師』」，謂大國也。若大國而將卑師少，則亦稱「人」。

【集解】失禮宗廟，功重者，月；功輕者，時，莊二十三年「秋，丹桓宫楹」是也。

【經】九月，考仲子之宫。

【傳】「考」者，何也？「考」者，成之也。成之爲夫人也。

【集解】立其廟，世祭之，成夫人之禮。

禮，庶子爲君，爲其母築宫，

【補注】妾卑，無廟，故别爲之築宫。太常先生曰：「喪中，不吉祭。故惠公、天王之喪畢，然後考宫。」

使公子主其祭也。

【集解】公當奉宗廟，故不得自主也。「公子」者，長子之弟及妾之子。

於子祭，於孫止。

【集解】貴賤之序。

【補注】禮，妾母，不世祭。如仲子者，宜於其子輩祭之，至孫輩，則宜止。既止，乃迎主於廟，附食於妾祖姑。若無妾祖姑者，乃閒曾祖而附高祖妾祖姑。又無高祖妾祖姑者，乃易牲而附於嫡祖姑可也。

「仲子」者，惠公之母。隱，孫，而脩之，非隱也。

【集解】非，責也。三年，父喪畢，不於三年考者，又有天王崩，至此服竟，乃脩之。

【補注】仲子，孝公妾也。隱公，仲子孫也。於所當止而不止，猶爲築宫，將世祭之，成妾以夫人禮，故非之也。非，亦猶「咎」。傳曰「非」，見因其咎過，直責之也。

【經】初獻六羽。

【集解】羽，翟羽，舞者所執。「獻」者，下奉上之辭。作之於廟，故言「獻」。

【補注】仲子宫廟初成，木主遷入其中，安其主而祭之，祭則有樂舞，故獻六羽。

【傳】初，始也。

【集解】遂以爲常。

穀梁子曰：「舞『夏』，天子八佾，諸公六佾，諸侯四佾。

【集解】言「穀梁子」者，非受於師，自其意也。夏，大也。大謂大雉。大雉，翟雉。佾之言「列」，八人爲「列」。又有八列，八八六十四人也。並執翟雉之羽而舞也。天子用八，象八風。諸公用六，降殺以兩也。不言「六佾」者，言「佾」，則「干」在其中，明婦人無武事，獨奏文樂。

『初獻六羽』，始僭樂矣。」

【集解】下犯上，謂之「僭」。

【補注】經言「羽」者，著彼執物。傳言「佾」者，著彼列數。婦人無武事，不合見干戚，故經唯言「羽」不言「佾」。案祭統，昔成王、康王追念周公勛勞，乃命魯世世祀周公以天子之禮樂，朱干、玉戚以舞大武，八佾以舞大夏，但唯周公廟得用八佾。又周公出文王，魯特立其廟，文王既爲天子，亦得用八佾。至他廟，則皆從制用四佾也。禮器云：「古之聖人，內之爲尊，外之爲樂，少之爲貴，多之爲美。是故先王之制禮也，不可多也，不可寡也，唯其稱也。」

尸子曰：「舞『夏』，自天子至諸侯，皆用八佾。『初獻六羽』，始厲樂矣。」

【集解】言時諸侯僭侈，皆用八佾。魯於是能自減厲，而始用六。穀梁子言其「始僭」，尸子言其「始降」。

【補注】亦存其兩説也。

【經】邾人、鄭人伐宋。

【集解】邾主兵，故序鄭上。

【補注】莊十五年范君曰：「班序上下，以國大小爲次，夷狄在下；征伐，則以主兵爲先，春秋之常也。」

【經】螟。

【補注】螟，蟲之食穀葉者。

【傳】蟲災也。甚，則月。不甚，則時。

【集解】甚則即盡，不及歷月。禮月令曰：「仲春行夏令，則蟲螟爲害。」

【經】冬，十有二月，辛巳，公子彄卒。

【集解】杜預曰：「大夫書『卒』不書『葬』。『葬』者，自其臣子事，非公家所及。」

【傳】隱不爵命大夫，其曰「公子彄」，何也？

【集解】據八年「無侅卒」不稱「公子」。

先君之大夫也。

【集解】隱不成爲君，故不爵命大夫。公子不爲大夫，則不言「公子」也。

【經】宋人伐鄭，圍長葛。

【集解】長葛，鄭邑。圍，例時。

【傳】伐國，不言圍邑。

【集解】據莊二年「公子慶父帥師伐於餘丘」不言「圍」也。伐國，不言圍邑，書其重也。

此其言「圍」，何也？久之也。

【集解】宋以此冬圍之，至六年冬乃取之。古者，師出不踰時，重民之命，愛民之財。乃暴師經年，僅而後克，無仁隱之心，而有貪利之行，故「圍」、「伐」兼舉以明之。

伐不踰時，戰不逐奔，誅不填服。

【集解】來服者，不復填厭之。

【補注】夫用兵之義，乃所以禁殘止暴於天下也。故伐者尚正，非尚威也。戰者尚勝，非尚殲也。誅者尚服，非尚殺也。踰，越。填，讀爲「殄」，假借字。

苞人民、毆牛馬曰「侵」。斬樹木、壞宮室曰「伐」。

【集解】制其人民，毆其牛馬，賊去之後，則可還反。樹木斬，不復生，宮室壞，不自成，故其爲害重也。

【補注】「侵」之言，見掠而不傷。「伐」之言，見既掠且傷。有「伐」事，則「侵」事亦在其中矣，故「伐」比「侵」爲重也。僖四年傳曰：「侵，淺事也。」苞，裹，謂拘制。毆，同「驅」。

【經】六年，春，鄭人來輸平。

【集解】杜預曰：「和而不盟曰『平』。」

【傳】「輸」者，墮也。「平」之爲言，以道成也。

【補注】「盟」以不信，故所結者，信也。「平」以有信，故所結者，道也。

「來輸平」者，不果成也。

【集解】春秋前，魯與鄭平。四年，翬與宋伐鄭，故來絕魯，壞前平也。

【經】夏，五月，辛酉，公會齊侯盟于艾。

【集解】艾，魯地。隱行，皆不致者，明其當讓也。

【補注】禮，公行還，必以嘉會，親昭告於祖禰。又行飲至於廟，有功則舍爵策勛，無功則告事而已，謂之「致君」，史亦因爲書「至」。隱既不取爲公，蓋亦不行致禮，故春秋終隱之世皆無「至」文。

【經】秋，七月。

【集解】無事，書首月，不遺時也。他皆放此。

【補注】桓元年傳曰：「無事焉，何以書？不遺時也。」春秋編年，四時具，而後爲『年』。」夫禮，必本於天，是天道也。天具四時，聖人象此，下爲教令，其道尤大，不可遺也。故春秋之有日、月、時例之施者，皆見以天正人之義爾。

【經】冬，宋人取長葛。

【集解】前年冬圍，至今乃得之。上有「伐鄭，圍長葛」，言「長葛」，則鄭邑可知，故不繫之「鄭」。

【傳】外取邑，不志。此其志，何也？久之也。

【補注】圍之久，見其貪於必得。

【經】七年，春王，三月，叔姬歸于紀。

【集解】叔姬，伯姬之娣。至此歸者，待年於父母之國，六年乃歸。「媵」之爲言，「送」也，「從」也。不與嫡俱行，非禮也。親逆，例時。不親逆，例月。許慎曰：「姪、娣年十五以上，能共事君子，可以往，二十而御。」易曰：「歸妹愆期，遲歸有時。」詩云：「韓侯取妻，諸娣從之，祁祁如雲。」娣必少於嫡，知未二十而往也。

【傳】其不言「逆」，何也？

【集解】據莊二十七年「莒慶來逆叔姬」言「逆」。

逆之道微，無足道焉爾。

【集解】逆者非卿。

【補注】叔姬，伯姬之娣。娣，則比嫡爲卑，或不須親逆，使人逆之可也。若使者是卿，以卿之貴，而來接魯，於是春秋得因其貴而言「來逆」。若使者非卿，無得重之，故亦略之不言「來逆」也。太常先生曰：「逆者非卿，故不曰『來逆』。媵者淺事，大夫送之而已，故不言『某媵叔姬』。傳無譏，則不以卿，禮也。」

【經】滕侯卒。

【補注】滕，姬姓，文王之子錯叔繡之後，武王封之於滕。

【傳】滕侯無名。

【集解】自無名，非貶之。

少曰「世子」，長曰「君」，狄道也。其不正者，名也。

【集解】戎狄之道，年少之時，稱曰「世子」。長立之，號曰「君」。其非正長嫡，然後有名爾。責滕侯用狄道也。

【補注】夷狄之俗，其君與世子皆無名，是以經雖録之，亦無所名也。今滕以中國之君而用夷狄之道，故於滕侯「卒」不但不名，亦不書日，皆使從夷狄例，見責之也。又不「葬」者，亦以其用狄道，失德，故不「葬」也。

【經】夏，城中丘。

【集解】城，例時。中丘，魯地。

【傳】城，爲保民爲之也。

【集解】建國立城邑有定所，高下大小，存乎王制。刺公不脩勤德政，更造城以安民。民衆城小則益城，益城無極。凡「城」之志，皆譏也。

【集解】夫保民以德，不以城也。如民衆而城小，輒益城，是無限極也。此發凡例，施之於城内邑。

【經】齊侯使其弟年來聘。

【集解】聘，例時。凡聘，皆使卿執玉帛以相存問。

【補注】諸侯遣使以問諸侯曰「聘」。

【傳】諸侯之尊，弟兄不得以屬通。

【集解】禮，非始封之君，則臣諸父。「昆弟」，匹敵之稱。人臣不可以敵君，故不得以屬通，所以遠別貴賤、尊君卑臣之義。

【補注】屬，謂兄弟之秩，若此稱「其弟」者。人臣於君，雖有兄弟之親，亦不得以兄弟之秩爲稱，自通達於他國也。以兄弟之秩爲稱，自通達於他國，則是倨其親比而泯其尊上矣。

「其弟」云者，以其來接於我，舉其貴者也。

【集解】弟，是臣之親貴者，殊別於凡庶。

【補注】「弟兄」云者，君之同母弟兄也。因其來聘，故文特以其兄弟之秩通，所以尊魯爾。

【經】秋，公伐邾。

【經】冬，天王使凡伯來聘。

【集解】凡，氏。伯，字。上大夫也。

【補注】此「聘」者，謂天子間問諸侯也。義詳九年。

【經】戎伐凡伯于楚丘以歸。

【補注】以歸，謂執凡伯以歸也。

【傳】「凡伯」者，何也？天子之大夫也。國而曰「伐」。此一人而曰「伐」，何也？大天子之命也。

【集解】伐一人而同一國，尊天子之命。

「戎」者，衛也。戎衛者，爲其伐天子之使，貶而戎之也。「楚丘」，衛之邑也。

「以歸」，猶愈乎「執」也。

【集解】夫〔二〕天子之使過諸侯，諸侯當侯在疆埸，膳宰致饔，司里授館，猶懼不敬。今乃執天子之使，無禮莫大焉。昭十二年「晉伐鮮虞」，傳曰：「晉，狄之也。」今不曰「衛伐凡伯」，乃變「衛」爲「戎」者，伐中國之罪輕，故稱國以狄晉；執天子之使罪重，故變「衛」以「戎」之。以一人當一國，諱「執」，言「以歸」，皆尊尊之正義，春秋之微旨。

〔二〕「夫」，原誤作「大」，據鍾本改。

【補注】愈，猶「勝」也。案春秋，言「以歸」，是直獲之之辭，非有罪也；言「執」，則是加罪之辭，故言「以歸」勝乎言「執」也。

【經】八年，春，宋公、衛侯遇于垂。

【集解】垂，衛地。

【傳】不期而會曰「遇」。「遇」者，志相得也。

【經】三月，鄭伯使宛來歸邴。

【集解】凡有所歸，例時〔一〕。邴，鄭邑。

【補注】案桓元年「鄭伯以璧假許田」，傳曰：「假，不言『以』。言『以』，非假也。非假，而曰『假』，諱易地也。禮，天子在上，諸侯不得以地相與也。無『田』，則無許可知矣。不言『許』，不與許也。『許田』者，魯朝宿之邑也。『邴』者，鄭伯之所受命，而祭泰山之邑也。用見魯之不朝於周，而鄭之不祭泰山也。」是鄭伯欲以邴易許，而邴不當許，故又加以璧。

〔一〕「時」，原誤作「昭」，據鍾本改。

此在時例，而月者，爲下「我入邴」日起也。

【傳】名「宛」，所以貶鄭伯，惡與地也。

【集解】去其族，惡擅易天子邑。

【補注】天子之賜邑，非諸侯可擅者，今魯、鄭無命，而擅相易地，故貶之也。案王制，大國三卿，皆命於天子。次國三卿，二卿命於天子，一卿命於其君。小國二卿，皆命於其君。案卿是上大夫，上大夫，亦大夫也。莊元年范君曰：「諸侯歲貢士于天子，天子親命之，使還其國爲大夫者，不名。天子就其國命之者，以名氏通也。」其「諸侯歲貢士于天子，天子親命之，使還其國爲大夫」者，即王制所謂「命於天子」者也。命於天子者，例稱氏且字。其「天子就其國命之」者，謂諸侯自命之大夫，天子乃就其所自命而遂許之，即王制所謂「命於其君」者也。命於其君者，例以名氏通。宛爲大夫，例當稱氏，而挈稱名者，擅易天子邑，故去其氏以貶之。貶其大夫，亦所以貶其君也。案莊二年「夏，公子慶父帥師伐於餘丘」，傳曰：「國而曰『伐』。於餘丘，邾之邑也，其曰『伐』，何也？公子，貴矣。師，重矣。而敵人之邑，公子病矣。病公子，所以譏乎公也。」亦類此。

【經】庚寅，我入邴。

【集解】徐邈曰：「『入』承『鄭歸邴』下，嫌内外文不別，故著『我』以明之。」

【補注】春秋内魯，故得以「我」言。

【傳】「入」者，内弗受也。日「入」，惡入者也。「邴」者，鄭伯所受命於天子，而祭泰山之邑也。

【集解】王室微弱，無復方嶽之會。諸侯驕慢，亦廢朝覲之事。故鄭以湯沐之邑易魯朝宿之田也。諸侯有大功盛德於王室者，京師有朝宿之邑，泰山有沐浴之邑，所以供祭祀也。魯，周公之後。鄭，宣王母弟。若此有賜邑，其餘則否。許慎曰：「若今諸侯，京師之地，皆有朝宿之邑，周有千八國諸侯，盡京師之地，不足以容，不合事理。」

【經】夏，六月，己亥，蔡侯考父卒。

【傳】諸侯日「卒」，正也。

【經】辛亥，宿男卒。

【傳】宿，微國也。

【補注】風姓。

未能同盟，故「男」卒也。

【補注】「男」卒，謂宿男於「卒」，唯稱爵，而不稱名也。禮，凡諸侯同盟，薨，則以名赴，於是稱名。其若未同盟者，薨，則不以名赴。既不以名赴，故經亦仍之不録。

【經】秋，七月，庚午，宋公、齊侯、衛侯盟于瓦屋。

【集解】宋序齊上，王爵也。瓦屋，周地。

【補注】禮，凡諸侯聚會，班序上下，皆援尊卑、大小、親疏、先後之宜爲次。及周道日衰，諸侯彊陵弱，大吞小，凡有聚會，則各援彊弱爲次。史從實事，因以録序，夫子即而用之，故經亦或「宋公」在「齊侯」之下，亦或「許男」在「曹伯」之上，其不復嚴爵尊卑者，適見禮義之崩坼爾。

【傳】外盟，不日。此其日，何也？

【集解】據僖十九年「夏，六月，宋公、曹人、邾人盟於曹南」不日。

諸侯之參盟，於是始，故謹而日之也。

【集解】世道交喪，盟詛滋彰，非可以經世軌訓，故存日以記惡，蓋春秋之始也。

【補注】參，即「三」也，謂兩國以上。詩云：「諸侯屢盟，亂是用長。」

誥誓不及五帝，

【集解】五帝，謂黄帝、顓頊、帝嚳、帝堯、帝舜〔一〕也。誥誓，尚書六誓、七誥，是其遺文。五帝之世，道化淳備，不須誥誓，而信自著。

【補注】誥，告也，約以相告，其主於會同。軍旅曰「誓」，誓，戒也，敕以相戒，其主於軍旅。案尚書，誥有七，湯誥、大誥、康誥、酒誥、召誥、洛誥、康王之誥是。誓有六，甘誓、湯誓、牧誓、泰誓、費誓、秦誓是。凡誥誓之辭，皆帝書所不録。

盟詛不及三王，

【集解】三王，謂夏、殷、周也。夏后有鈞臺之享，商湯有景亳之命，周武有盟津之會。衆所歸信，不盟詛也。

【補注】凡大事曰「盟」，小事曰「詛」，皆殺牲告神，以相要誓也。

交質子不及二伯。

【集解】二伯，謂齊桓、晉文。齊桓有召陵之師，晉文有踐土之盟，諸侯率服，不質任也。

【經】八月，葬蔡宣公。

〔一〕「舜」，原誤作「受」，據鍾本改。

【傳】月「葬」，故也。

【經】九月，辛卯，公及莒人盟于包來。

【集解】包來，宋邑。

【傳】可言公及「人」，不可言公及「大夫」。

【集解】稱「人」，衆辭。可言公及「人」，若舉國之人皆盟也。不可言公及「大夫」，如以大夫敵公故也。

【經】螟。

【經】冬，十有二月，無侅卒。

【傳】「無侅」之名，未有聞焉。

【集解】未聞者，不知爲是隱之不爵大夫，爲是有罪貶去氏族。穀梁子不受之於師，故曰「未有聞焉」。

或曰，隱不爵大夫也。

【集解】若「俠卒」是。

【補注】氏者，貴稱。隱既不爵大夫，無侅則未命得爵，故亦不有其貴稱。

或説曰，故貶之也。

【集解】若「無侅帥師入極」是。

【補注】案九年「俠卒」，傳曰：「『俠』者，所俠也。弗大夫者，隱不爵大夫也。隱之不爵大夫，何也？曰：不成爲君也。」五年范君曰：「隱不成爲君，故不爵命大夫，公子不爲大夫，則不言『公子』也。」又五年「冬，十有二月，辛巳，公子彄卒」，傳曰：「隱不爵命大夫，其曰『公子彄』，何也？先君之大夫也。」又二年「無侅帥師入極」，傳曰：「不稱氏者，滅同姓，貶也。」四年「秋，翬帥師會宋公、陳侯、蔡人、衛人伐鄭」，傳曰：「翬者，何也？公子翬也。其不稱『公子』，何也？貶之也。何爲貶之也？與于弑公，故貶之也。」是隱之世，凡稱「公子」者，皆惠公所命之大夫。其不稱「公子」者，則有二義，或以不爵，或以貶之。

【經】九年，春，天王使南季來聘。

【傳】南，氏姓也。季，字也。

【集解】南季，天子之上大夫。氏以爲姓也。所以别姓者，經有「王季子來聘」、「祭伯來」，王、祭，皆非姓也，嫌與同，故别之也。季云「字」者，明命爲大夫，不以名通也。

聘，問也。聘諸侯，非正也。

【集解】周禮，天子時聘，以結諸侯之好。殷覜，以除邦國之慝。間問，以諭諸侯之志。歸脤，以交諸侯之福。賀慶，以贊諸侯之喜。致禬，以補諸侯之災。許慎曰：「禮，臣病，君親問之。天子有下聘之義。」傳曰「聘諸侯，非正」，甯所未詳。

【補注】案周禮，天子時聘，以結諸侯之好。殷頫，以除邦國之慝。鄭玄云：「此二事者，亦以王見諸侯之臣使來者爲文也。『時聘』者，亦無常期。天子有事，諸侯使大夫來聘，親以禮見之，禮而遣之，所以結其恩好也。天子無事，則已。殷頫，謂一服朝之歲也。慝，猶『惡』也。一服朝之歲，五服諸侯，皆使卿以聘禮來頫天子，天子以禮見之，命以政禁之事，所以除其惡行。」又間問，以諭諸侯之志。歸脤，以交諸侯之福。賀慶，以贊諸侯之喜。致禬，以補諸侯之災。鄭玄云：「此四者，王使臣於諸侯之禮也。『間問』者，間歲，一問諸侯。謂存省之屬。諭諸侯之志者，諭言語、諭書名，其類也。交，或往或來者也。贊，助也。致禬，凶禮之弔禮、禬禮也。補諸侯災者，若春秋澶淵之會，謀歸宋財。」案鄭意，間問，是天子遣使，往見諸侯。時聘，是諸侯遣使，往見天子。「聘，問」之「聘」，謂間問也。間問與聘，俱有「問」名，蓋比諸侯之小聘，故亦或云「聘」。「聘諸侯」之「聘」，謂時聘也。

天王使不正者，月。此既不月，明是聞問之正也。蓋問之與聘，著乎史文，則皆以「聘」言之，舉上辭也。經假史録，義承經辭，師者傳經，嫌其不別，故又於傳兩言之也。

【經】三月，癸酉，大雨震電。

【傳】震，雷也。電，霆也。

【補注】陰陽相薄，其聲爲「雷」，其光爲「電」。

【經】庚辰，大雨雪。

【補注】陰陽凝而爲「雪」。

【傳】志疏、數也。

【補注】疏，希也，謂希少。數，稠也，謂頻繁。

八日之間，再有大變，陰陽錯行，故謹而日之也。

【集解】劉向云：「雷未可以出，電未可以見。雷電既以出見，則雪不當復降。皆失節也。雷電，陽也。雨雪，陰也。雷出非其時者，是陽不能閉陰，陰氣縱逸，而將爲害也。」

【補注】大戴禮曾子天圓：「陽之精氣曰『神』，陰之精氣曰『靈』。神靈者，品物之本也，而禮樂仁義之祖也，而善否治亂所興作也。陰陽之氣，各靜其所，則靜矣。偏，則風。俱，則雷。交，則電。亂，則霧。陽氣勝，則散爲雨露。陰氣勝，則凝爲霜雪。」劉向以爲，於易，雷以二月出，其卦曰「豫」，言萬物隨雷出地，皆逸豫也。以八月入，其卦曰「歸妹」，言雷復歸。入地，則孕毓根核，保藏蟄蟲，避盛陰之害。出地，則養長華實，發揚隱伏，宣盛陽之德。入能除害，出能興利，人君之象也。是時隱以弟桓幼，代而攝立。公子翬見隱居位已久，勸之遂立。隱既不許，翬懼而易其辭，遂與桓共殺隱。天見其將然，故正月，大雨水而雷電，是陽不閉陰，出涉危難而害萬物。後八日，大雨雪，陰見間隙而勝陽，篡殺之禍將成也。公不寤，後二年而殺。

「雨」月，志正也。

【集解】雨得其時，則月。

【補注】正，謂得時也。案僖三年「六月，雨」，又昭四年「春王，正月，大雨雪」，皆是得時書月也。此「癸酉，大雨震電」至於「庚辰，大雨雪」，八日之間，再有大變，故迫而書日，是志其數也。又僖十年「冬，大雨雪」，二十九年「秋，大雨雹」，昭三年「冬，大雨雹」，以非數變，故寬而書時，是志其疏也。數與疏，皆異也，非天時之正者也。劉向云：「異有小大希稠，占有舒疾緩急，而聖人所以斷疑也。」

【經】俠卒。

【傳】「俠」者，所俠也。

【集解】俠，名也。所，其氏。

弗大夫者，隱不爵大夫也。

【集解】俠不命爲大夫，故不氏。

隱之不爵大夫，何也？曰：不成爲君也。

【集解】明將立桓。

【經】夏，城郎。

【集解】郎，魯邑。

【經】秋，七月。

【傳】無事焉，何以書？不遺時也。

【集解】四時不具，不成年也。

【補注】此曰「無事」者，謂時下無人事也。事者，人之疇。時者，天之疇。雖下人疇未起，亦必天疇上定。春秋之義，雖使一時無人，亦不使一時無天。故不遺時者，見不以人失天，其道先天後人，大天疇也。

【經】冬，公會齊侯于防。

【集解】防，魯地也。

【傳】「會」者，外爲主焉爾。

【經】十年，春王，二月，公會齊侯、鄭伯于中丘。

【集解】隱行，自此皆月者，天告雷雨之異，以見篡弒之禍，而不知戒懼，反更數會，故危之。

【經】夏，翬帥師會齊人、鄭人伐宋。

【集解】翬，隱之罪人也，故終隱之世貶之。

【補注】案春秋，翬至桓公之世，乃稱「公子」，桓三年「公子翬如齊逆女」是。范君曰：「翬稱『公子』者，桓不以爲罪人也。」

【經】六月，壬戌，公敗宋師于菅。

【集解】「敗」例，日與不日，皆與「戰」同。菅，宋地。

【補注】夫必先有戰，然後有勝敗，其事之一體也。故凡「敗」，日與不日，皆從戰例。案戰例，桓十年范君曰：「結日列陳，則日。」又莊十年傳曰：「不日，疑戰也。」范君曰：「『疑戰』者，言不克日而戰，以詐相襲。」

【傳】內不言「戰」，舉其大者也。

【集解】戰，然後敗，故「敗」大於「戰」。

【補注】桓十年傳曰：「內不言『戰』。言『戰』，則『敗』也。」范君曰：「兩敵，故言『戰』。春秋不以外敵內，書『戰』則『敗』。」桓十七年「夏，五月，丙午，及齊師戰于郎」，言「戰」者，傳曰：「內諱『敗』，舉其可道者也。」范君曰：「『敗』恥大，『戰』恥小。」是凡戰而魯勝，則直曰「敗」之，是舉其可爲稱大者也。凡戰而魯敗，則直曰「戰」，是舉其可爲言説者也。

【經】辛未，取郜。

【經】辛巳，取防。

【傳】取邑，不日。**此其日，何也？**

【集解】據僖三十三年「伐邾，取訾婁」不日。

不正其乘敗人而深爲利，取二邑，故謹而日之也。

【集解】禮不重傷，戰不逐北。公敗宋師于菅，復取其二邑，貪利不仁，故謹其日。

【經】秋，宋人、衛人入鄭。

【經】宋人、蔡人、衛人伐載，鄭伯伐取之。

【集解】凡書「取」國，皆滅也。變「滅」言「取」，明其易。

【補注】莊九年傳曰：「『取』，易辭也。」

【傳】不正其因人之力而易取之，故主其事也。

【集解】三國伐載，自足以制之，鄭伯不能矜人之危，而反與共伐，故獨書「鄭伯伐取之」，以首其惡。其實四國共取之。

【補注】乘人之危，攻人之厄，以襲其利，君子所惡也。「易」之言，猶「輕易」。

【經】冬，十月，壬午，齊人、鄭人入郕。

【傳】「入」者，内弗受也。日「入」，惡入者也。郕，國也。

【經】十有一年，春，滕侯、薛侯來朝。

【傳】天子無事，諸侯相朝，正也。

【集解】事，謂巡守、崩葬、兵革之事。

考禮脩德，所以尊天子也。

【補注】禮，諸侯相朝，各執其圭瑞，服其服，乘其輅，建其旌旂，施其樊纓，從其貳車，委積之以其牢禮之數。君使大夫迎於境，卿勞於道，君親郊勞致館。及將幣，拜迎於大門外而廟受，北面拜貺，君親致饔。既，則還圭饗食，致贈郊送。其間無所荒怠者。故凡朝事，皆有以正班爵之義，帥小大之序，更將因與習禮樂，而協以進德行也。禮樂益習，德行益進，天子之命亦由之益崇矣。

諸侯來朝，時，正也。

【集解】朝宜以時，故書時則正也。

犆言，同時也。

【集解】犆言，謂別言也。若「縠伯綏來朝，鄧侯吾離來朝」，同時來，不俱至。

【補注】犆，本或作「特」。

累數，皆至也。

【集解】累數，總言之也。若「滕侯、薛侯來朝」，同時俱至。

【補注】此是同時俱至，而先滕侯者，滕，姬姓，薛，任姓，故先滕侯，見尊同姓也。數，亦猶「稱」。

【經】夏，五月，公會鄭伯于時來。

【集解】時來，鄭地。

【經】秋，七月，壬午，公及齊侯、鄭伯入許。

【經】冬，十有一月，壬辰，公薨。

【傳】公薨，不地，故也。

【集解】不地，不書「路寢」之比。

【補注】案莊三十二年「八月，癸亥，公薨于路寢」，范君曰：「公薨，皆書其所，謹凶變。」

隱之，不忍地也。

【集解】隱，猶「痛」也。

其不言「葬」，何也？君弒，賊不討，不書「葬」，以罪下也。

【集解】責臣子也。

隱十年無「正」，隱不自正也。

【集解】無「正」，謂不書「正月」。元年有「正」，所以正隱也。

【集解】明隱宜立。

卷三

桓公

【補注】桓公名允，惠公之子，隱公之弟，以桓王九年即位。案諡法，辟土服遠曰「桓」。

【經】元年，春王。

【傳】桓無「王」。

【補注】「桓無『王』」者，謂桓逆不奉王道，故終桓之世，經不書「王」也。其逆不奉王道者，義詳於傳。

其曰「王」，何也？

【補注】既曰無「王」，而此反書「王」，傳遂執以設問。

謹始也。

【集解】諸侯無專立之道，必受國於王。若桓初立，便以見治。故詳其即位之始，以明王者之義。

其曰「無『王』」，何也？桓弟弑兄，臣弑君，天子不能定，諸侯不能救，百姓不能去，以爲無王之道，遂可以至焉爾。

【補注】太常先生曰：「『以爲無王』者，上無天子也。『天子不能定』者，天子之衰微也。『諸侯不能救』者，諸侯之當退也。『百姓不能去』者，百姓之待教也。」

元年有「王」，所以治桓也。

【補注】元年，桓之始年也。始年而有「王」者，謹始之道也。此見桓之無王，雖天子不能定，諸侯不能救，百姓不能去，猶將於桓初立，存王法以治之。存王法者，亦所以存天也。是雖失之於人，不可失之於天也。

【經】正月，公即位。

【集解】杜預曰：「嗣子位定於初喪，而改元必須踰年者，繼父之業，成父之志，不忍有變於中年也。諸侯每首歲，必有禮於廟，諸遭喪繼位者，因此而改元即位，百官以序，故國史亦書即位之事於策。」

【補注】此接上經「春王」。

【傳】繼故，不言「即位」，正也。

【集解】故，謂弑也。

繼故，不言「即位」之爲正，何也？曰：先君不以其道終，則子、弟不忍即位也。

【集解】哀痛之至，故不忍行即位之禮。

繼故，而言「即位」，則是與聞乎弑也。

【補注】聞，謂知弑。與，謂默許。「與聞乎弑」者，謂既知先君見弑，而安忍默許之也。安忍默許，是亦有弑君之志矣。

繼故，而言「即位」，是爲與聞乎弑，何也？曰：先君不以其道終，己正即位之道而即位，是無恩於先君也。

【集解】推其無恩，則知與弑也。此明統例耳。與弑尚然，况親弑者。

【補注】桓既急爲君，猶踰年「即位」者，以聖王立法，即位，必待踰年。桓雖無王，未可獨當年即位，必從其制矣。故史亦因實而録之。

【經】三月，公會鄭伯于垂。

【集解】垂，衛地也。傳例曰，往月，危往也。桓大惡之人，故會皆月以危之。

【傳】「會」者，外爲主焉爾。

【集解】鄭伯所以欲爲此會者，爲易田故。

【經】鄭伯以璧假許田。

【傳】假，不言「以」。言「以」，非假也。

【集解】實假，則不應言「以璧」。

【補注】假，借也。言「以」，則是以物相交易，非借之道。

非假，而曰「假」，諱易地也。禮，天子在上，諸侯不得以地相與也。

【集解】諸侯受地於天子，不得自專。

【補注】諸侯不得以地相與者，所以一統尊法制也。

無「田」，則無許，可知矣。不言「許」，不與許也。

【集解】但言「以璧假許」，而不繼「田」，則許屬鄭也。今言「許田」，明以許之田與鄭，不與許邑也。諸侯有功，則賜田以禄之，若可以借人，此蓋不欲以實言。

【補注】此實假許邑，而以「許田」言之者，若無「田」文，直言「假許」，則明知無許邑矣。蓋田以種植，猶可假之，天子守邑，重不可失，故加「田」文，以「許田」言之，使所假者，似唯田爾，所以爲之諱也。

「許田」者，魯朝宿之邑也。「邴」者，鄭伯之所受命，而祭泰山之邑也。用見魯之不朝於周，而鄭之不祭泰山也。

【集解】朝天子所宿之邑，謂之「朝宿」。泰山，非鄭竟内，從天王巡守，受命而祭也。擅相换易，則知朝、祭並廢。

【經】夏，四月，丁未，公及鄭伯盟于越。

【集解】越，衛地也。

【傳】「及」者，内爲志焉爾。越，盟地之名也。

【經】秋，大水。

【集解】禮月令曰：「季秋行夏令，則其國大水。」大水，例時。

【傳】高下有水災，曰「大水」。

【經】冬，十月。

【傳】無事焉，何以書？不遺時也。春秋編年，四時具，而後爲「年」。

【集解】編，録。

【經】二年，春王，正月，戊申，宋督弒其君與夷，

【傳】桓無王，其曰「王」，何也？正與夷之卒也。

【集解】宋督，宋之卑者。卑者以國氏。

【集解】諸侯之卒，天子所隱痛。姦逆之人，王法所宜誅，故書「王」以正之。

【補注】此書「王」者，一則以桓雖無王，而與夷得正，故爲與夷存「王」，見不以邪妨正也；一則以宋督弒君，見於王法所宜誅也。

【經】及其大夫孔父。

【補注】此接上經「宋督弒其君與夷」。

【傳】孔父先死，其曰「及」，何也？書尊及卑，春秋之義也。

【集解】邵曰：「會盟言『及』，别内外也。尊卑言『及』，上下序也。」

孔父之先死，何也？督欲弒君，而恐不立，於是乎先殺孔父。孔父，閑也。

【集解】閑，謂扞禦。

【補注】時督欲弑殤公，以孔父在，恐不可得，於是乎先殺孔父。公羊云：「孔父正色而立於朝，則人莫敢過而致難於其君者。孔父，可謂義形於色矣。」孔子曰：「君子正其衣冠，尊其瞻視，儼然人望而畏之，斯不亦威而不猛乎！」

何以知其先殺孔父也？曰：子既死，父不忍稱其名；臣既死，君不忍稱其名，以是知君之累之也。

【集解】累，謂從也。

孔，氏。父，字謚也。

【集解】孔父有死難之勛，故其君以字爲謚。

【補注】此存一説也。禮，君前臣名。臣既死，君若偶將言及，則稱其字不稱其名。父子亦如之。皆情不忍故也。君、父不稱，則史無由録。孔父既録而稱字，因是知先於宋公死也。

或曰，其不稱名，蓋爲祖諱也。孔子故宋也。

【集解】孔子舊是宋人，孔父之玄孫。

【補注】此又存一説也。案世本，孔父嘉生木金父，木金父生祁父，其子奔魯，爲防叔，生伯夏，伯夏生叔梁紇，叔梁紇生仲尼。是孔子之先，爲宋之後。宋大夫孔父嘉，孔子之六世祖也。尊祖，故諱不稱其名爾。諱者，周道也。周人敬鬼神之名，故以諱事神，必至卒哭之後，服已受變，神靈還廟，乃神事之，而爲諱也。其卒哭之前，猶以生事之，則不諱。

【經】滕子來朝。

【集解】隱十一年稱「侯」，今稱「子」，蓋時王所黜。

【補注】案下「秋，七月，紀侯來朝」，范君曰：「隱二年稱『子』，今稱『侯』，蓋時王所進。」是皆見王者之於諸侯，有黜陟之道也。所以有黜陟之道者，勉善抑惡，重民之至也。書云：「三載考績。三考，黜陟幽明。」

【經】三月，公會齊侯、陳侯、鄭伯于稷，以成宋亂。

【集解】稷，宋地也。

【傳】「以」者，内爲志焉爾。公爲志乎成是亂也。

【集解】欲會者，外也。欲受賂者，公也。

此成矣，取不成事之辭而加之焉，於内之惡，而君子無遺焉爾。

【集解】取不成事之辭，謂「以成宋亂」也。桓姦逆之人，故極言其惡，無所遺漏也。江熙曰：「春秋親尊皆諱〔一〕，蓋患惡之不可掩。豈當取不成事之辭，以加君父之惡乎？案宣四年『公及齊侯平莒及郯』，傳曰：『「平」者，成也。』然則『成』亦『平』也。公與齊、陳、鄭欲平宋亂，而取其賂鼎，不能平亂，故書『成宋亂』。『取郜大鼎』，『納于大廟』，微旨見矣。尋理推經，傳似失之。」徐邈曰：「宋雖已亂，治之則治。治亂成不，繫此一會。若諸侯討之，則有撥亂之功。不討，則受成亂之責。辭豈虛加也哉？春秋雖爲〔二〕親尊者諱，然亦不没其實，故納鼎于廟，躋僖逆祀，及王室之亂，昭公之孫，皆指事而書。哀七年傳所謂有一國之道者，有天下之道者也。君失社稷，猶書而不隱，況今四國群會，非一人之過，以義致譏，輕於自己兆亂。以此方彼，無所多怪。」

【補注】君子必先自治，然後可以言治人，是誠之道也。傳曰「無遺」，亦誠之謂也。中庸云：「唯天下至誠，爲能盡其性。能盡其性，則能盡人之性。能盡人之性，則能盡物之性。

〔一〕「諱」，原誤作「謂」，據鍾本改。
〔二〕「爲」，原誤作「受」，據鍾本改。阮校「受」改「爲」。

能盡物之性，則可以贊天地之化育。可以贊天地之化育，則可以與天地參矣。」又云：「唯天下至誠，爲能經綸天下之大經，立天下之大本，知天地之化育。」故春秋之於魯，或諱之者，或不諱者，皆本乎誠爾。唯本乎誠，乃得其中。唯得其中，乃成其治。

【經】夏，四月，取郜大鼎于宋。

【補注】郜，文王之子郜叔所受封國也。

戊申，納于太廟。

【集解】傳例曰，「納」者，内不受〔一〕也。日之，明惡甚也。太廟，周公廟。

【補注】鼎，宗廟之寶器，所以和五味者也。禮，祭，天子九鼎，諸侯七，卿大夫五，元士三。

【傳】桓内弑其君，外成人之亂，受賂而退，以事其祖，非禮也。其道以周公爲弗受也。「郜鼎」者，郜之所爲也。曰「宋」，取之宋也，以是爲討之鼎也。

【集解】此鼎本郜國所作，宋後得之。

〔一〕「受」，原誤作「爲」，據鍾本改。案昭十二年傳曰：「『納』者，内不受也。」

【集解】討宋亂，而更受其賂鼎。

【補注】始欲平宋亂，故會于稷。終又舍宋罪，而受其賂。

孔子曰：「名從主人，物從中國。」故曰「郜大鼎」也。

【集解】主人，謂作鼎之主人也，故繫之「郜」。物從中國，謂是「大鼎」。

【補注】「名從主人」，謂凡寶器重物，皆繫稱原主，不爲後主改易。若大鼎原主是郜，故繫郜稱「郜」。案襄五年傳曰「名從主人」，則謂人名，又稍與此異。「物從中國」，亦襄五年傳曰「號從中國」，謂凡地形及物類所號，皆從中國之法，不從夷狄之俗。「名從主人」者，將以溯本來、區人我也。「物從中國」者，將以正名物、宣制度也。

【經】秋，七月，紀侯來朝。

【集解】隱二年稱「子」，今稱「侯」，蓋時王所進。

【傳】朝，時。此其月，何也？

【集解】據隱十一年「春，滕侯、薛侯來朝」稱時。

桓内弑其君，外成人之亂，於是爲齊侯、陳侯、鄭伯計數日以賂。

【集解】桓既罪深責大，乃復爲三國計數至日，以責宋賂。

【補注】宋以郜鼎賂桓公，桓公欲受而退，又恐齊、陳、鄭將不偕，乃爲三國視會稷之先後，計其功勞大小，責宋使皆有賂。

己即是事而朝之，惡之，故謹而月之也。

【集解】己，紀也。桓與諸侯校數功勞，以取宋賂，不知非之爲非，貪愚之甚，紀不擇其不肖，而就朝之。

【補注】凡諸侯相朝，皆爲習禮考義，正刑一德，而尊天子也，故必擇有道以就脩之。

【經】蔡侯、鄭伯會于鄧。

【集解】鄧，某地。

【補注】蓋蔡地。

【經】九月，入杞。

【傳】我入之也。

【集解】不稱主名，内之卑者。

【經】公及戎盟于唐。

【經】冬，公至自唐。

【集解】告廟曰「至」。傳例曰，致君者，殆其往而喜其反，此致君之意義也。離不言「會」，故以地致。

【補注】案定十年「公至自頰谷」，傳曰：「離會，不致。何爲致也？危之也。危之，則以地致，何也？爲危之也。」范君引雍曰：「二國會曰『離』。各是其所是，非其所非，則所是之是未必是，所非之非未必非。未必非者，不能非人之真非。未必是者，不能是人之真是。是非紛錯，則未有是。是非不同，故曰『離』。離，則善惡無在。善惡無在，則不足致之於宗廟。」經曰「公及戎盟于唐」，明是二國會，而致之者，以是會戎，故亦危而致之也。春秋凡離會，例不言以「會」致。所以然者，會，合聚之稱也。兩國恃爭，義不能合，不足言以「會」致，故致則以地也。

【傳】桓無會，而其致，何也？遠之也。

【集解】桓會甚衆，而曰「無會」，善無致會也。弑逆之罪，非可以致宗廟，而今致者，危其遠會戎狄，喜其得反。

【補注】襄二十九年傳曰：「致君者，殆其往，而喜其反，此致君之意義也。」是春秋凡殆公往會而喜其反者，皆宜致之。但若君正臣賢，會，則理無所殆，無用致之。桓大惡之人，王法所宜誅絶，天下所宜共討，會，則理無所安，當每爲致之。然弑逆之罪，非可以致之宗廟，既非可致，則義不可成其會。故桓之出會，於事實雖甚衆，於經義則不可成之，傳本經義，故以「無會」言之也。既以「無會」見不可致，此猶致之者，以桓雖無王，已受命於天子，得爲君矣。既有君名，則有臣分，故於其最危而致之，特以申臣子之分爾。十六年「公至自伐鄭」，亦如之。案十六年伐鄭，傳曰「遠之」者，以鄭實遠；此唐是魯地，而傳亦曰「遠之」者，因是會戎，故雖近，猶以爲遠也。

【經】三年，春，正月，公會齊侯于嬴。

【集解】嬴，齊地。

【經】夏，齊侯、衛侯胥命于蒲。

【集解】蒲，衛地。

【傳】「胥」之爲言，猶「相」也。相命而信諭，謹言而退，以是爲近古也。

【補注】諭，明也。

【集解】申約言以相達，不歃血而誓盟。古，謂五帝時。

是必一人先，其以「相」言之，何也？不以齊侯命衛侯也。

【集解】江熙曰：「夫相與親比，非一人之德，是以同聲相應，同氣相求。齊、衛胥盟，雖有先倡，倡和理均。若以齊命衛，則功歸于齊。以衛命齊，則齊僅隨從。言其『相命』，則泯然無際矣。」

【經】六月，公會杞侯于郕。

【集解】郕，魯地。

【經】秋，七月，壬辰，朔，日有食之，既。

【傳】言日言「朔」，食正朔也。

【集解】朔日食也。

「既」者，盡也。有繼之辭也。

【集解】盡而復生謂之「既」。

【補注】劉向以爲，前事已大，後事將至者又大，則既。先是，魯、宋弑君，魯又成宋亂、易許田，無事天子之心。楚僭稱「王」，後鄭距王師，射桓王，又二君相簒。

【經】公子翬如齊逆女。

【集解】翬稱「公子」者，桓不以爲罪人也。

【傳】逆女，親者也。使大夫，非正也。

【經】九月，齊侯送姜氏于讙〔一〕。

【集解】已去齊國，故不言「女」。未至于魯，故不稱「夫人」。讙，魯地。月者，重録之。

【補注】案春秋，諸侯嫁女，若在國未出，則稱「女」，若隱二年「九月，紀履緰來逆女」，又桓三年「公子翬如齊逆女」。既入國都，則稱「夫人」，若下「夫人姜氏至自齊」。此稱「姜氏」者，已去齊，不得稱「女」，雖至魯，未入國都，亦不得稱「夫人」，故止稱「姜氏」也。

【傳】禮，送女，父不下堂，

【補注】堂，謂廟堂。

母不出祭門，諸母兄弟不出闕門。

【集解】祭門，廟門也。闕，兩觀也，在祭門之外。

〔一〕「讙」，原誤作「謹」。案集解作「讙」，又下經「公會齊侯于讙」，亦作「讙」，是，據改。

父戒之曰：「謹慎從爾舅之言。」母戒之曰：「謹慎從爾姑之言。」

【補注】婦稱夫之父曰「舅」，稱夫之母曰「姑」。

諸母般，申之曰：「謹慎從爾父母之言。」

【集解】般，囊也，所以盛朝夕所須，以備舅姑之用。

【補注】諸母，謂庶母，父之妾也。再令曰「申」。諸母送女至闕門，施之以衿般，再申其父母之戒。不自戒之者，諸母卑，不敢敵父母之尊也。

送女踰竟，非禮也。

【經】公會齊侯于讙。

【傳】無譏乎？

【集解】齊侯送女踰竟，遠至于讙，嫌會非禮之人當有譏。

曰：爲禮也。齊侯來也，公之逆而會之，可也。

【集解】爲親逆之禮。

【經】夫人姜氏至自齊。

【傳】其不言翬之以來，何也？

【集解】據宣元年「遂以夫人婦姜至自齊」。

公親受之于齊侯也。

【集解】重在公。

子貢曰：「冕而親迎，不已重乎？」

【集解】冕，祭服。

【補注】冕，天子、諸侯之服也。子貢以天子、諸侯之尊猶必親迎，疑其過重，故問。

孔子曰：「合二姓之好，以繼萬世之後，何謂已重乎？」

【補注】禮，始於冠，本於婚。婚禮者，禮之本也，君子以敬慎重之。故必親迎，乃可以立夫婦之義。夫婦有義，而後父子有親。父子有親，而後君臣有正。君臣有正，則天下莫不正矣。

【經】冬，齊侯使其弟年來聘。

【經】有年。

【集解】有年，例時。

【傳】五穀皆熟，爲「有年」也。

【補注】五穀，謂麻、黍、稷、麥、豆也。

【經】四年，春，正月，公狩于郎。

【集解】春而言「狩」，蓋用冬狩之禮。蒐、狩，例時，而此月者，重公失禮也。莊四年「冬，公及齊人狩于郜」，傳曰：「『齊人』者，齊侯也。其曰『人』，何也？卑公之敵，所以卑公也。」然則言「齊人」者，所以「人」公，則譏已明矣。狩得其時，故不月。

【補注】案論語，顔淵問爲邦，孔子曰：「行夏之時。」又周書云：「亦越我周王致伐於商，改正異械，以垂三統。至於敬授民時，巡守祭享，猶自夏正焉。」周之正月，夏之十一月也。夏時言之，猶在仲冬，似合用狩禮，而經書月者，以爲春秋雖用夏時，必因周正。故四時之田，皆因周之季，用夏之孟也。經此「正月」，周之孟春，夏之仲冬也，未準周季夏孟，遂謹書月，見其非時失禮也。周數，得王也。夏數，得天也。因周之季，則不有失王矣。用夏之孟，則不有失天矣。是春秋因周用夏之道也。四時之祭，亦如之。

【傳】四時之田，皆爲宗廟之事也。

【補注】四時田獵之事，皆選在農隙，其主上以共宗廟，而下以除田害，故總名曰「田」也。

王制：「無事而不田，曰『不敬』。田不以禮，曰『暴天物』。」

春曰「田」，

【集解】取獸於田。

夏曰「苗」，

【集解】因爲苗除害，故曰「苗」。

秋曰「蒐」，

【集解】蒐擇之，舍小取大。

冬曰「狩」。

【集解】狩，圍狩也。冬物畢成，獲則取之，無所擇。

四時之田用三焉，唯其所先得。

【補注】唯其所先得，謂以殺之優劣爲次。

一爲乾豆，

【集解】上殺，中心，死速，乾之以爲豆實，可以祭祀。

【補注】豆，肉器也。

二爲賓客，

【集解】次殺，射髀髂，死差遲。

三爲充君之庖。

【集解】下殺，中腸污泡，死最遲。先宗廟，次賓客，後庖廚，尊神敬客之義。

【補注】庖，廚也。

【經】夏，天王使宰渠伯糾來聘。

【集解】宰，官也。渠，氏也。天子下大夫，老故稱字。下無秋、冬二時，甯所未詳。

【補注】伯糾，字也，猶文元年「叔服」。案春秋，天子之中大夫以上，例皆不名。其下大夫年五十以上，乃得以老故敬之稱字。其不滿五十者，則例稱名，若莊二十三年祭叔、襄十五年劉夏是。下無秋、冬二時者，蓋史既闕文，故經亦仍之也。

【經】五年，春，正月，甲戌、己丑，陳侯鮑卒。

【傳】鮑卒，何爲以二日「卒」之？春秋之義，信以傳信，疑以傳疑。

【集解】明實録也。

陳侯以甲戌之日出，己丑之日得，不知死之日，故舉二日以包也。

【集解】國君獨出，必辟病潛行。

【補注】陳侯有狂疾，以甲戌日獨出，不知所在，至己丑日，乃得其尸。以不知其死之日，故並舉獨出之日與得尸之日，見謹之也。

【經】夏，齊侯、鄭伯如紀。

【集解】外相如，不書。過我，則書，例時。

【經】天王使任叔之子來聘。

【集解】任叔，天子之大夫。

【傳】「任叔之子」者，録父以使子也。故微其君臣，而著其父子。

【補注】「微其君臣」，謂不具使者名氏。「著其父子」，謂稱「任叔之子」。

不正父在子代仕之辭也。

【集解】録父使子，謂不氏名其人，稱父言子也。君闇劣於上，臣苟進於下，蓋參譏之。

【補注】任叔既老致仕，子尚幼弱，未堪從政，而猶進於王，使其代之，是奪賢也。案隱三年「武氏子」唯稱「子」，此稱「任叔之子」者，何休云：「加『之』者，起子辟一人。」

【經】葬陳桓公。

【經】城祝丘。

【集解】譏公不脩德政，恃城以安民。

【經】秋，蔡人、衛人、陳人從王伐鄭。

【集解】王親自伐鄭。

【傳】舉從者之辭也。

【集解】使若王命諸侯伐鄭，書從王命者，三國也。

【補注】經舉三國而曰「從王」，則辭若三國從王命以伐，非王自伐也，故曰「舉從者之辭」。

其舉從者之辭，何也？爲天王諱伐鄭也。

【集解】諱自伐鄭。

鄭，同姓之國也。在乎冀州，於是不服，爲天子病矣。

【集解】鄭，姬姓之國。冀州則近京師，親近猶不能服，則疏遠者可知。

【補注】冀州，天下之中州，古天子所常居。後王雖不建都焉，然於另所建都地，亦得以「冀州」言之。鄭近王畿，故曰「在乎冀州」。病，猶「辱」。身之病，弱也。義之病，辱也。

【經】大雩。

【集解】「雩」者，旱祭請雨之名。傳例曰，雩得雨曰「雩」，不得雨曰「旱」。月雩，正也。時雩，不正也。禮月令曰：「仲冬行夏令，則其國乃旱。」

【補注】定元年傳曰：「毛澤未盡，人力未竭，未可以雩也。雩，月，雩之正也。月之爲雩之正，何也？其時窮，人力盡，然後雩，雩之正也。何謂『其時窮，人力盡』？是月不雨，則無及矣。是年不艾，則無食矣。是謂『其時窮，人力盡』也。雩之必待其時窮，人力盡，何也？『雩』者，爲旱求者也。『求』者，請也。古之人重請。何重乎請？人之所以爲人者，讓也。請道去讓也，則是舍其所以爲人也，是以重之。」雩事，以八月、九月爲正。前此則時未窮，人力未盡，過此則入冬，無可待也。秋雩不月，見以七月雩，非正，故不月也。

【經】螽。

【集解】蚣蝑之屬。禮月令曰：「仲冬行春令，則蟲蝗爲敗。」

【傳】螽，蟲災也。甚，則月。不甚，則時。

【經】冬，州公如曹。

【補注】案左傳，州公如曹，度其國危，遂不復。杜預云：「不書『奔』，以『朝』出也。」則州公於此，實失國矣。州，姜姓小國也。小國君奔，稱「公」者，僖五年「冬，晉人執虞公」，范君引江熙曰：「春秋有州公、郭公、虞公，凡三公，非爵也。」又曰：「五等諸侯，民皆稱曰『公』。存，有王爵之限。没，則申其臣民之稱。州公舍其國，故先書『州公』。郭公盜而歸曹，故先名，而後稱『郭公』。夏陽亡，則虞爲滅國，故宜稱『虞公』。三人殊而一致，三公舛而同歸，生死齊稱，蓋春秋所賤。」言春秋於外諸侯，生，爲見王制之限，乃例稱爵；卒，爲見臣子之恩，乃得稱「公」。州非公爵，此稱「公」，是比卒稱之也。比卒稱之者，禮，天子以土封，諸侯以責守。今州公，國將危而不圖，禍未及而先奔，輕封土，棄守責，君道喪盡焉，遂比卒稱「公」，罪懲之使若已死然。莊二十四年「郭公」、僖五年「虞公」稱「公」，亦同此類，皆深有罪懲之義也。

【傳】外相如，不書。此其書，何也？過我也。

【集解】過我，六年「寔來」是也。將有其末，故先録其本。

【經】六年，春，正月，寔來。

【集解】來朝，例時。月者，謹其無禮。

【補注】寔，猶「是」。來，謂朝。州公如曹，過魯境，遂又中道朝魯。

【傳】「寔來」者，「是來」也。何謂「是來」？謂州公也。其謂之「是來」，何也？

【補注】怪經不以「州公來朝」言之。

以其畫我，故簡言之也。

【補注】行中有不當止而止者曰「畫」，此謂州公之中道朝魯。案諸侯以國爲家，不敢直徑，若過他邦，至於境，必使次介，束帛將命於朝，下大夫取以入告，出許，士帥以行。則凡諸侯過境，有借道之禮，無相朝之義也。州公反是，故經略言「寔來」，而傳異言「畫我」，皆所以見其非也。

諸侯不以過相朝也。

【集解】畫，是相過，去「朝」遠。

【補注】案朝者，諸侯考禮脩德，所以尊天子之事，故必正往，專致其敬也。以過相朝，是不專敬，反褻之矣。

【經】夏，四月，公會紀侯于郕。

【經】秋，八月，壬午，大閱。

【集解】蒐閲，例時。

【傳】「大閲」者何？閲兵車也。

【集解】閲爲簡練。

脩教明諭，國道也。

【集解】脩先王之教，以明達於民，治國之道。

【補注】諭，謂曉告之也。爲國之道，必善教諭，以其樂與民同生而共進也。

平而脩戎事，非正也。

【集解】邵曰：「禮，因四時田獵，以習用戎事，存不忘亡、安不忘危之道。平，謂不因田獵，無事而脩之。」

【補注】夫兵者，凶事也，不可以空設，故皆因四時田獵而爲之。案周禮，仲春教振旅，辨鼓鐸。仲夏教茇舍，辨號名。仲秋教治兵，辨旗物。仲冬教大閲，簡軍實。

其日，以爲崇武，

【補注】「崇武」者，言其不因禮行，失所以教民之道。

故謹而日之。蓋以觀婦人也。

【補注】疑其觀兵以取悦夫人。禮之用，將爲止淫志也，今反爲淫志用禮，非矣。

【經】蔡人殺陳佗。

【傳】「陳佗」者，陳君也。其曰「陳佗」，何也？

【補注】傳此執以設問者，爲佗是陳君，例當曰「陳侯佗」。

匹夫行，故匹夫稱之也。

【補注】有匹夫之行，故直國氏而名，使若卑者之屬。是準其行以稱之也。

其匹夫行，奈何？陳侯憙獵，

【補注】憙，謂喜好之。

淫獵于蔡，與蔡人爭禽。蔡人不知其是陳君也，而殺之。

【集解】淫獵，謂自放恣，遺失徒衆。

何以知其是陳君也？兩下相殺，不道。

【集解】兩大夫相殺，不書春秋。

其不地，於蔡也。

【補注】經直曰「蔡人殺陳佗」，則明是蔡人而主在蔡，故不須再稱其地。案宣十八年

「秋，七月，邾人戕繒子于繒」，其再稱地者，以是邾人而客在繒，故須再稱地以明之。此春秋文例之常也。

【經】九月，丁卯，子同生。

【集解】子同，桓公嫡子莊公。

【補注】同，莊公名也。禮，世子於君在，稱世子某，若九年「冬，曹伯使其世子射姑來朝」，稱「世子射姑」。君薨未葬，稱子某，若莊三十二年「冬，十月，乙未，子般卒」，稱「子般」。既葬，稱「子」，若僖二十五年「冬，十有二月，癸亥，公會衛子、莒慶盟于洮」，稱「衛子」。踰年，稱「公」。若踰年，而先君未葬，雖國人稱「公」，亦不得自爵以接鄰國，若十三年春二月，衛宣公晉卒，未葬，衛惠公稱「衛侯」以出，范君引徐邈曰：「今衛宣未葬，而嗣子稱『侯』以出，其失禮明矣。」今子同生，桓公在，不稱「世子」者，始生，未得命也，必誓於天子，然後爲世子。禮云：「天下無生而貴者也。」案白虎通，君在，稱「世子」者，繫於君也。君薨未葬，稱子某者，屈於尸柩也。既葬，稱「子」者，即尊之漸也。踰年，稱「公」者，緣民之心，不可一日無君也；緣終始之義，一年不可有二君也。故踰年即位，所以繫民臣之心也。然後爵者，緣孝子之心，未忍安吉也。

【傳】疑，故志之。

【集解】莊公母文姜淫于齊襄，疑非公之子。

時曰：「同乎人也。」

【集解】時人僉曰：「齊侯之子，同於他人。」

【補注】此「同」猶「通」，謂私通也。齊僖公之女文姜，未嫁以前，數私通於其兄齊襄公。既嫁魯，生莊公，又數如齊私通。時人惡之，皆相傳議，疑莊公非桓公之子。經因其疑，故特志莊公之生，見文姜以三年嫁魯，至此六年，無如齊之事四年，而生莊公，則莊公非齊侯之子明矣，此所以正其疑議也。齊風猗嗟云：「展我甥兮！」亦拒時人議莊公是齊侯之子爾。孔子曰：「天下有道，則庶人不議。」

【經】冬，紀侯來朝。

【經】七年，春，二月，己亥，焚咸丘。

【集解】日之，謹其惡。

【補注】咸丘，邾之邑也。

【傳】其不言「邾咸丘」，何也？

【集解】據襄元年「圍宋彭城」言「宋」。

疾其以火攻也。

【集解】不繫於國者，欲使焚邑之罪與焚國同。

【補注】攻伐之施，施於有罪，若以火攻，則不辨人物，善惡悉遭延及，所傷甚多，君子疾之，故不繫於「邾」，直言「咸丘」，使若稱國之辭，所以大火攻之罪也。疾，謂惡之已甚。

【經】夏，穀伯綏來朝，鄧侯吾離來朝。

【補注】穀，嬴姓。鄧，曼姓。皆微國也。

【傳】其名，何也？

【集解】據隱十一年滕、薛來朝不名。

失國也。

【集解】禮，諸侯不生名，失地則名。

【補注】案春秋，自微國之君未爵者外，凡諸侯生稱名者，有二義，一以失國故，若此穀伯綏、鄧侯吾離；一以罪惡故，若僖二十五年「春王，正月，丙午，衛侯燬滅邢」，傳曰：「燬之名，何也？不正其伐本而滅同姓也。」

失國，則其以「朝」言之，何也？

【集解】據文十二年「郕伯來奔」不名。

【補注】案文十二年「春王，正月，郕伯來奔」，是郕伯失國也，既言「來奔」，又不稱名。此穀伯、鄧侯亦失國也，既已稱名，又言「來朝」，兩相反之，傳遂執以設問。

嘗以諸侯與之接矣。雖失國，弗損吾異日也。

【集解】待之以初也。下無秋、冬二時，甯所未詳。

【補注】穀伯綏、鄧侯吾離，蓋或爲天子所削，或爲諸侯所逐，皆失地寄寓他國爲寓公者。禮，諸侯不臣寓公。二君雖爲寓公，但今既來魯，則有交接之好，不合因失地降其等，故仍視之如君，以「朝」言也。下無秋、冬二時者，同四年。

卷四

【經】八年，春，正月，己卯，烝。

【集解】春祭曰「祠」，薦尚韭卵。夏祭曰「禴」，薦尚麥魚。秋祭曰「嘗」，薦尚黍肫。冬祭曰「烝」，薦尚稻雁。無牲而祭曰「薦」，薦而加牲曰「祭」。禮各異也。失禮祭祀，例日。得禮者時，定八年冬「從祀先公」是也。僖八年「秋，七月，禘于大廟」，月者，謹「用致夫人」耳，禘無違禮。

【傳】烝，冬事也。春興之，志不時也。

【補注】「祠」、「禴」、「嘗」、「烝」謂之四時之祭。四時之祭，其所用者，亦如四時之田，義詳桓四年。

【經】天王使家父來聘。

【集解】家父〔一〕，天子大夫。家，氏。父，字。

【經】夏，五月，丁丑，烝。

【傳】烝，冬事也。春、夏興之，黷祀也。志不敬也。

【補注】黷，猶「褻瀆」。

【經】秋，伐邾。

【經】冬，十月，雨雪。

【集解】禮月令曰：「孟冬行秋令，則霜雪不時。」

【補注】周之十月，夏之八月也，未當雪時。此在志疏例。志疏，例時，月者，爲下「祭公來，遂逆王后于紀」不正故也。志疏例詳隱九年。

【經】祭公來，遂逆王后于紀。

【集解】祭公，寰內諸侯，爲天子三公者。親逆，例時。不親逆，例月。故春秋左氏説曰：「王者至尊無敵，無親逆之禮。祭公逆王后，未致京師，而稱『后』，知天子不行而

〔一〕「父」，原誤作「夫」，據鍾本改。

禮成也。」鄭君釋之曰：「大姒之家，在郃[一]之陽，在渭之涘，文王親迎于渭，即天子親迎之明文矣。天子雖尊，其于后，猶夫婦。夫婦判合，禮同一體，所謂『無敵』，豈施此哉？禮記哀公問曰：『冕而親迎，不已重乎？孔子愀然作色而對曰：「合二姓之好，以繼先聖之後，以爲天地、宗廟、社稷之主，君何謂已重焉？」』此言親迎，繼先聖之後，爲天地、宗廟、社稷之主，非天子則誰乎？」

【補注】天子三公稱「公」。

【傳】其不言「使」焉，何也？

【集解】據四年「天王使宰渠伯糾」稱「使」。

不正其以宗廟之大事即謀於我，故弗與「使」也。

【集解】時天子命祭公[二]就魯共卜，擇紀女可中后者，便逆之，不復反命。

【補注】婚禮者，將合二姓之好，上以事宗廟，下以繼後世也。由上言之，故曰「宗廟之大事」。何休云：「時王者遣祭公來，使魯爲媒，可則因用魯往迎之，不復成禮。疾王者不

[一]「郃」，原誤作「部」，形近而誤，據鍾本改。
[二]「祭公」，原誤作「蔡公」，據鍾本改。

重妃匹，逆天下之母若逆婢妾，將謂海内何哉？」

「遂」，繼事之辭也。其曰「遂逆王后」，故略之也。

【集解】以其「遂逆」無禮，故不書逆「女」，而曰「王后」。略，謂不以禮稱之。

【補注】此存一說，言其所以遽稱「王后」者。

或曰，天子無外，王命之，則成矣。

【集解】四海之濱，莫非王臣。王命紀女爲后，則已成王后，不如諸侯入國乃稱「夫人」。或說是。

【補注】此又存一說。天子無外，即哀七年傳所謂「臨天下之言」也。

【經】九年，春，紀季姜歸于京師。

【集解】季姜，桓王后。書字者，申父母之尊。姜，紀姓。

【補注】禮，王者不臣妻之父母。公羊云：「父母之於子，雖爲天王后，猶曰吾『季姜』。」何休云：「明子尊不加於父母也。」故自祭公言之，則曰「王后」。自紀侯言之，則曰「季姜」。

【傳】爲之中者，「歸」之也。

【集解】中，謂關與婚事。

【補注】范君略例云：「逆王后，有二者。以書『逆王后』，皆由過魯。若魯主婚，而過我，則言『歸』。若不主婚，而過我，則直言『逆』。」此「紀季姜歸于京師」，是魯主婚而過魯，故言「歸」。又襄十五年春「劉夏逆王后于齊」，是魯不主婚而過魯，故直言「逆」，不言「歸」。

【經】夏，四月。

【經】秋，七月。

【經】冬，曹伯使其世子射姑來朝。

【傳】朝不言「使」。

【補注】朝，是諸侯自相見之禮，故不言「使」。

言「使」，非正也。使世子伉諸侯之禮而來朝，曹伯失正矣。

【補注】伉，儷，匹敵之稱，謂對當。又同「亢」，高極之稱，謂驕亢。以下伉上，則見驕亢無禮，義相遞也。禮，凡諸侯世子，誓於天子攝其君，則下其君一等。未誓，則以皮帛繼子男之後。今曹伯因老病，使世子攝位，雖攝，亦不得僭用朝禮，爲尊卑不敵故也。尊卑不敵，猶使行朝，是曹伯無禮也。君而無禮，國將荒教。國而荒教，失正多矣。

諸侯相見，曰「朝」。以待人父之道待人之子，以内爲失正矣。

【補注】君子以禮自正，亦以禮正人，今曹世子僭用君禮來朝，魯不能正，而遂成之，是内亦失正矣。

内失正，曹伯失正，世子可以已矣。則是放命也？

【集解】父有爭子，則身不陷於不義，射姑廢曹伯之命可。

【補注】放，棄也。傳曰「則是放命也」者，設問世子若止而不行，則是廢棄君命乎？嫌其不可，故下即引尸子「夫已，多乎道」以自答之，言其可也。射姑不能知止非命，遂成無禮，終陷父於愆，亢身於咎，亦失正矣。

尸子曰：「夫已，多乎道。」

【集解】邵曰：「已，止也。止曹伯使朝之命，則曹伯不陷非禮之愆，世子無苟從之咎，魯無失正之譏。三者正，則合道多矣。」

【補注】多，謂功多也。能成乎道，乃謂之「功」。夫所以成道者，禮義爾。君子謀道不謀食，憂道不憂貧。禮將見壞，義遽止焉，則禮義脩。禮義脩，唯是成道而謂之「功」。故君子即命焉，有受行其正也，無受行其否也。孔子曰：「不隕穫於貧賤，不充詘於富貴，不慁君王，不累長上，不閔有司。」

【經】十年，春王，正月，庚申，曹伯終生卒。

【傳】桓無王，其曰「王」，何也？正終生之卒也。

【集解】徐乾曰：「與夷見弑，恐正卒不明，故復明之。」

【補注】亦不以邪妨正之義。

【經】夏，五月，葬曹桓公。

【經】秋，公會衛侯于桃丘，弗遇。

【集解】桃丘，衛地。桓弑逆之人，出則有危，故會皆月之。衛侯不來，無危，故時。

【傳】「弗遇」者，志不相得也。「弗」，内辭也。

【集解】倡會者衛，魯至桃丘，而衛不來，故書「弗遇」以殺恥。

【補注】「弗」，是内辭。文以内辭書「弗遇」，使若魯自不欲會，所以爲衛之不來殺恥也。

【經】冬，十有二月，丙午，齊侯、衛侯、鄭伯來戰于郎。

【集解】結日列陳，則日。傳例曰，不日，疑戰也。

【補注】郎，魯地。

【傳】「來戰」者，前定之戰也。

【集解】先已結期戰。

【補注】昭七年傳曰：「内之前定之辭謂之『莅』。」若僖三年「冬，公子季友如齊莅盟」。「外之前定之辭謂之『來』。」若此「來戰于郎」，又若桓十四年夏「鄭伯使其弟御來盟」。則是不論戰或盟者，凡前定而内往，皆謂之「莅」；凡前定而外來，皆謂之「來」。

内不言「戰」，言「戰」則敗也。

【集解】兩敵，故言「戰」。春秋不以外敵内，書「戰」則敗。

【補注】成元年傳曰：「爲尊者諱敵不諱敗，爲親者諱敗不諱敵，尊尊親親之義也。」范君曰：「尊則無敵，親則保全。尊，謂王。親，謂魯。」爲魯諱「敗」，故以「戰」言之，舉輕也。

不言其人，以吾敗也。

【補注】不言其人，以吾敗也，謂凡内諱敗而以「來戰」言之者，於内則全略不言其人，若此「齊侯、衛侯、鄭伯來戰于郎」直舉外之來戰爲文，全無内文也。所以然者，爲魯既敗，故文亦略之而殺恥也。

不言「及」者，爲内諱也。

【補注】不言「及」者，爲内諱也，謂於内諱敗，若得以前定之辭言「來戰」，則不以及某戰言之。所以然者，爲「及」直是内辭，言及某戰，將直見諸内，不比言「來戰」之諱深故也。

【經】十有一年，春，正月，齊人、衛人、鄭人盟于惡曹。

【集解】惡曹，地闕。

【補注】惡曹，鄭地。

【經】夏，五月，癸未，鄭伯寤生卒。

【經】秋，七月，葬鄭莊公。

【集解】莊公殺段，失德不「葬」。而書「葬」者，段不弟，於王法當討，故不以殺親親貶之。

【經】九月，宋人執鄭祭仲。

【集解】祭，氏。仲，名。執大夫有罪者，例時。無罪者，月。此月者，爲下盟。

【補注】案左傳，鄭祭仲有寵於莊公，莊公使爲卿，爲公娶鄧曼，生忽，而立爲世子。宋雍氏女於鄭莊公，曰雍姞，生突。雍氏宗有寵於宋莊公，故誘祭仲而執之，脅使逐世子忽而立突，亦執突而求賂焉。祭仲遂與宋人盟，以突歸而立之，爲厲公。是祭仲雖以見脅而權與之，然亦從有廢嫡立庶之罪矣。既從有罪，則在時例，而月者，爲下「柔會宋公、陳侯、蔡叔盟于折」當月起也。

【傳】「宋人」者，宋公也。其曰「人」，何也？貶之也。

【集解】惡其執人權臣，廢嫡立庶。

【經】突歸于鄭。

【集解】突，鄭厲公。昭公之弟，莊公之子。

【傳】曰「突」，賤之也。

【補注】案突是篡國，例當以國氏稱「鄭突」，然此直稱「突」者，蓋以外見執辱，因藉要盟，苟以許賂，乃得歸。既歸，又不避其兄，安而自立，曾匹夫之不若，君子惡之，故全奪其氏，貶而賤之也。

曰「歸」，易辭也。

【集解】傳例曰，「『歸』爲善，自某歸次之。此傳曰『「歸」，易辭也』」，然則「歸」有二義，不皆善矣。突篡兄之位，制命權臣，則「歸」無善。

祭仲易其事，權在祭仲也。

【補注】謂莊公薨，祭仲執國政柄，事權重矣。

死君難，臣道也。今立惡而黜正，惡祭仲也。

【集解】易辭，言廢立在己。

【補注】曾子曰：「夫君子者，可以託六尺之孤，可以寄百里之命，臨大節而不可奪也。」今祭仲反是，故惡之也。

【經】鄭忽出奔衛。

【集解】忽，鄭昭公。

【補注】莊十年范君曰：「凡書『奔』者，責不死社稷。」

【傳】「鄭忽」者，世子忽也。其名，失國也。

【集解】其名，謂去「世子」而但稱「忽」。

【補注】案下十五年「鄭世子忽復歸于鄭」，彼時莊公已葬踰年，而經猶稱「世子忽」，則此亦當稱「世子忽」，不得與常例同也。若在常例，鄭莊公於此葬未踰年，忽宜稱「子」。所以稱「世子忽」者，義詳十五年。

【經】柔會宋公、陳侯、蔡叔盟于折。

【集解】蔡叔，蔡大夫名。未命，故不氏。折，某地。

【補注】折，地闕。文二年傳曰：「内大夫可以會外諸侯。」故柔可以言「會宋公」也。春秋無論内外，凡庶姓微臣，雖爲大夫，未得爵命，則猶卑也。雖卑，其比士爲重，故皆得以名通。但内大夫之未命者，以是内臣，不得自言「魯」，故不得稱氏而唯以名通，若此「柔」是。其外大夫之未命者，以是外臣，當令知某國之臣，故唯以國氏通名，不別稱氏，若此「蔡叔」是。

【傳】「柔」者何？吾大夫之未命者也。

【經】公會宋公于夫鍾。

【集解】夫鍾，郕地。

【經】冬，十有二月，公會宋公于闞。

【集解】闞，魯地。

【經】十有二年，春，正月。

【經】夏，六月，壬寅，公會紀侯、莒子盟于曲池。

【集解】曲池，魯地。

【經】秋，七月，丁亥，公會宋公、燕人盟于穀丘。

【集解】穀丘，宋地。

【經】八月，壬辰，陳侯躍卒。

【集解】陳厲公也。

【經】公會宋公于虚。

【集解】虚，宋地。

【經】冬，十有一月，公會宋公于龜。

【集解】龜，宋地。

【經】丙戌，公會鄭伯盟于武父。

【集解】武父，鄭地。

【經】丙戌，衛侯晉卒。

【傳】再稱日，決日義也。

【集解】明二事皆當日也。晉不正，非日「卒」者也，不正前見矣，隱四年「衛人立晉」是也。與齊小白義同。

【補注】案莊九年「齊小白入于齊」，傳曰：「大夫出奔反，以好曰『歸』，以惡曰『入』。齊公孫無知弑襄公，公子糾、公子小白不能存，出亡。齊人殺無知而迎公子糾於魯。公子小白不讓公子糾，先入，又殺之于魯，故曰『齊小白入于齊』，惡之也。」是齊小白亦不正，故國氏以明嫌，書「入」以見惡也。小白既不正，而僖十七年猶日「卒」者，傳曰：「此不正，其日之，何也？其不正前見矣。其不正之前見，何也？以不正入虛國，故稱嫌焉爾。」「前見」者，即莊九年「齊小白入于齊」，以國氏並書「入」也。其不正既前已見明，故於「卒」則不待去日矣。此衛侯晉亦如之。案隱四年「衛人立晉」，傳曰：「『立』者，不宜立者也。晉之名，惡也。」則晉之不正亦前已見明，故於卒亦不待去日也。決，猶「判」也。

【經】十有二月，及鄭師伐宋。丁未，戰于宋。

【傳】非與所與伐戰也。

【集解】非，責。

【補注】責魯本與鄭師共伐宋，而後又反與鄭戰。

不言與鄭戰，恥不和也。於伐與「戰」，敗也。内諱「敗」，舉其可道者也。

【集解】於伐宋而與鄭「戰」，内敗也。「戰」輕於「敗」，「戰」可道，而「敗」不可道。

【經】十有三年，春，二月，公會紀侯、鄭伯，己巳，及齊侯、宋公、衛侯、燕人戰，齊師、宋師、衛師、燕師敗績。

【集解】徐邈曰：「僖九年傳曰：『禮，柩在堂上，孤無外事。』今衛宣未葬，而嗣子稱『侯』以出，其失禮明矣。宋、陳稱『子』，而衛稱『侯』，隨其所以自稱者而書之，得失自見矣。」

【補注】不於會上日者，以先行會禮，别日乃合戰也。

【傳】其言「及」者，由内及之也。其曰「戰」者，由外言之也。

【集解】内不言「戰」，言「戰」則敗。今魯與紀、鄭同討，以有紀、鄭，故可得言「戰」。

戰稱「人」，敗稱「師」，重衆也。

【補注】此解燕於「戰」稱「人」，於「敗」則變而稱「師」者。

其不地，於紀也。

【集解】春秋「戰」無不地，即於紀戰，無爲不地也。鄭君曰：「紀，當爲『己』，謂在魯也。字之誤耳。得在龍門，城下之戰，迫近，故不地。」

【經】三月，葬衛宣公。

【經】夏，大水。

【經】秋，七月。

【經】冬，十月。

【經】十有四年，春，正月，公會鄭伯于曹。

【補注】禮，諸侯會事既畢，侯伯致禮，地主歸餼，以相辭也。故凡書會盟，録地以國名者，則見國主亦與在其中，左傳所謂「曹人致餼」是也。

【經】無冰。

【集解】皆君不明去就，政治舒〔一〕緩之所致。五行傳曰：「視之不明，是謂『不哲』，厥咎舒，厥罰常燠。」

【補注】劉向以爲，先是連兵鄰國，三戰而再敗，内失百姓，外失諸侯，不敢行誅罰，鄭伯突篡兄而立，公與相親，長養同類，不明善惡之罰也。

【傳】無冰，時燠也。

【補注】燠，温也。當寒而温，倒常也。異，故志之。成元年傳曰：「終時無冰，則志。」是志無冰，例皆宜時。

【經】夏，五，鄭伯使其弟禦來盟。

【傳】諸侯之尊，弟兄不得以屬通。其「弟」云者，以其來我，舉其貴者也。「來盟」，前定也。不日，前定之盟不日。

【集解】言信在前，非結於今。

【補注】案春秋，凡言「來盟」、「莅盟」者，或爲締成素好，或爲重温舊盟，因謂之「前定」。

〔一〕「舒」，原誤作「紀」，據鍾本改。

前定之盟，殊彼常盟，其兩信早著於先，非將專待於後，故例亦不日而時，若宣七年「春，衛侯使孫良夫來盟」、僖三年「冬，公子季友如齊莅盟」是。

孔子曰：「聽遠音者，聞其疾而不聞其舒。

【集解】疾，謂激[一]揚之聲。舒，謂徐緩。

望遠者，察其貌而不察其形。」

【集解】貌，姿體。形，容色。

立乎定、哀，以指隱、桓，隱、桓之日遠矣。「夏，五」，傳疑也。

【集解】孔子在於定、哀之世，而録隱、桓之事，故承闕文之疑，不書「月」，明皆實録。

【補注】「夏，五」者，蓋魯舊史，或衍其「五」字，或「五」下闕其「月」字，舊史難稽，故經亦本疑而仍之。孔子曰：「君子於其所不知，蓋闕如也。」又曰：「吾猶及史之闕文也。」傳疑，乃能傳信也。

【經】秋，八月，壬申，御廩災，

[一]「激」，原誤作「漑」，據鍾本改。

【集解】御廩，藏公所親耕以奉粢[一]盛之倉也。内災，例日。

【補注】大火曰「災」。春秋凡以爲災者，皆由其害物，不但指火也。

乙亥，嘗。

【補注】秋祭曰「嘗」。「嘗」者，嘗新穀也。

【傳】御廩之災，不志。

【集解】以其微。

此其志，何也？以爲唯未易災之餘而嘗，可也。志不敬也。

【集解】鄭嗣曰：「唯以未易災之餘而嘗，然後可志也。用火焚之餘，以祭宗廟，非人子所以盡其心力，不敬之大也。」

天子親耕，以共粢盛。

【集解】天子親耕，其禮三推。黍稷曰「粢」，在器曰「盛」。

【補注】共，猶「供」。禮，天子於孟春之月，乃擇元辰，親載耒耜，措之參保介之御間，帥三

〔一〕「粢」，原誤作「姿」，據鍾本改。

公、九卿、諸侯、大夫躬耕帝籍。天子三推，公五推，卿、諸侯九推。

王后親蠶，以共祭服。

【集解】王后親蠶，齊戒躬桑。夫人三繅〔一〕，遂班三宫。朱緑玄黄，以爲黼黻文章，服既成，君服以祀之。

【補注】案祭義，古者，天子、諸侯必有公桑蠶室，近川而爲之築宫，仞有三尺，棘墻，而外閉之。及季春朔日之朝，君皮弁素積，卜三宫之夫人、世婦之吉者，使入蠶於蠶室，奉種浴於川，桑於公桑，風戾以食之。及良日，夫人繅，三盆手，遂布於三宫夫人、世婦之吉者使繅，遂朱緑之，玄黄之，以爲黼黻文章。服既成，君服以祀先王先公，敬之至也。

國非無良農工女也，以爲人之所盡事其祖禰，不若以己所自親者也。

【集解】凱曰：「夫治人之道，莫急於禮。禮有五經，莫重於祭。祭者，非物自外至者也。由中出者，身致其誠信，然後可以交於神明，祭之道也。」

【補注】案祭統，天子親耕於南郊，以共粢盛。王后蠶於北郊，以共祭服。諸侯耕於東郊，

〔一〕「繅」，原誤作「練」，據鍾本改。案祭義：「夫人繅。」則「練」當爲「繅」之誤。

亦以共粢盛。夫人蠶於北郊，以共冕服。天子、諸侯非莫耕也，王后、夫人非莫蠶也，身致其誠信，誠信之謂「盡」，盡之謂「敬」，敬盡，然後可以事神明，此祭之道也。祖，謂祖廟。禰，近也。諸廟，父爲最近，故「禰」以謂父廟。

何用見其未易災之餘而嘗也？曰：甸粟，而内之三宫。三宫米，而藏之御廩。

【集解】甸，甸師，掌田之官也。三宫，三夫人也。宗廟之禮，君親割，夫人親舂。

【補注】糲米曰「粟」，精米曰「米」。内，猶「納」，入也。案公羊，西宫災，魯子曰：「以有西宫，亦知諸侯之有三宫也。」何休云：「禮，夫人居中宫，右媵居西宫，左媵居東宫。」

夫嘗，必有兼甸之事焉。

【集解】夫人親舂，是兼甸之事。

【補注】兼甸，謂從甸師納粟至於夫人親舂。言其用日必久。

「壬申，御廩災」，「乙亥，嘗」，以爲未易災之餘而嘗也。

【集解】鄭嗣曰：「壬申、乙亥相去四日。言用日至少而功多，明未足及易而嘗。」

【經】冬，十有二月，丁巳，齊侯禄父卒。

【經】宋人以齊人、蔡人、衛人、陳人伐鄭。

【傳】「以」者，不以者也。民者，君之本也。使人以其死，非正也。

【集解】「不以」者，謂本非所得制，今得以之也。刺四國使宋專用其師，輕民命也。

【經】十有五年，春，二月，天王使家父來求車。

【傳】古者，諸侯時獻于天子，以其國之所有，故有辭讓，而無徵求。求車，非禮也。求金，甚矣。

【補注】辭讓，謂文誥之辭、威讓之令，所以責諸侯之不供貢職者。徵，亦「求」之義。徵求之，則是好利也。劉向云：「天子好利，則諸侯貪。諸侯貪，則大夫鄙。大夫鄙，則庶民盜。」

【集解】文九年「毛伯來求金」。

【經】三月，乙未，天王崩。

【集解】桓王。

【經】夏，四月，己巳，葬齊僖公。

【經】五月，鄭伯突出奔蔡。

【補注】襄十四年范君曰：「諸侯出奔，例月。」

【傳】譏奪正也。

【集解】禮，諸侯不生名。今名「突」以譏〔一〕之。

【補注】惡其奪正，故稱名以譏之。諸侯出奔，名之與否，義詳莊十年。

【經】鄭世子忽復歸于鄭。

【補注】鄭莊公於此，既葬踰年，經猶稱「世子忽」者，著其嫡正，本所當立，故不與常例同。上十一年亦如之，但十一年爲見失國，因去「世子」，唯稱「鄭忽」爾。僖二十八年傳曰：「『復』者，復中國也。『歸』者，歸其所也。」則「復歸」者，返國復位之謂也，唯諸侯得言之。此以世子而言之者，亦著其嫡正，本所當立也。

【傳】反正也。

【補注】反，猶「返」。傳曰「反正」者，申經所以稱「世子」，且言「復歸」之義也。

【經】許叔入于許。

【集解】傳例曰，大夫出奔反，以好曰「歸」，以惡曰「入」。

〔一〕「譏」，原誤作「誠」，據鍾本改。

【傳】許叔，許之貴者也。

【補注】許叔，許莊公弟。叔，字。稱字者，舉其貴，以見莫宜之也。

莫宜乎許叔，其曰「入」，何也？其歸之道，非所以歸也。

【集解】泰曰：「許國之貴，莫過許叔。叔之宜立，又無與二。而進無王命，退非父授，故不書曰『歸』，同之惡入。」

【補注】隱十一年，公及齊侯、鄭伯入許，許莊公奔衛，鄭使許大夫奉許叔居許東偏，至此，乃入國居位。禮，諸侯無專立之道。許叔雖貴且宜立，然其無君父之命，專而自立，故猶曰「入」，見以非禮得國也。非禮，雖貴而宜者，亦賤而否矣。

【經】公會齊侯于蒿。

【經】邾人、牟人、葛人來朝。

【集解】何休曰：「桓公行惡，而三人俱朝事之，三人爲『衆』，衆足責，故夷狄之。」

【補注】以「朝」言之，則是三國君也。皆稱「人」者，爲其朝事於惡，失脩教之道，故貶之也。邾、牟、葛，皆魯屬卑國。卑國之君貶，則降若夷狄。

【經】秋，九月，鄭伯突入于櫟。

【集解】櫟，鄭邑也。突不正，書「入」，明不當受。

【經】冬，十有一月，公會宋公、衛侯、陳侯于袲，伐鄭。

【集解】袲，宋地。

【傳】地而後伐，疑辭也，非其疑也。

【集解】鄭突欲篡國，伐而正之，義也。不應疑，故責之。

【補注】案春秋，會伐，例不言所會之地，若隱四年「秋，翬帥師會宋公、陳侯、蔡人、衛人伐鄭」，又桓十六年「夏，四月，公會宋公、衛侯、陳侯、蔡侯伐鄭」，皆不地。會伐而言地，則是有所疑沮之辭。

【經】十有六年，春，正月，公會宋公、蔡侯、衛侯于曹。

【經】夏，四月，公會宋公、衛侯、陳侯、蔡侯伐鄭。

【集解】蔡常在衛上，今序陳下，蓋後至。

【經】秋，七月，公至自伐鄭。

【傳】桓無會，其致，何也？危之也。

【集解】桓公再助篡伐正，危殆之甚，喜得全歸，故致之。

【經】冬，城向。

【經】十有一月，衛侯朔出奔齊。

【集解】朔，惠公名。

【傳】朔之名，惡也。天子召而不往也。

【經】十有七年，春，正月，丙辰，公會齊侯、紀侯盟于黄。

【集解】黄，齊地。

【經】二月，丙午，公及邾儀父盟于趡。

【集解】趡，魯地。

【經】夏，五月，丙午，及齊師戰于郎。

【傳】内諱「敗」，舉其可道者也。

【集解】「敗」恥大，「戰」恥小。

不言其人，以吾敗也。

【集解】言人，則微者。敗於微者，其恥又甚，故言「師」。

【補注】此「不言其人，以吾敗也」，是於外言之，謂凡内諱敗，而將以及某戰言，於外則皆直以衆辭言之稱「師」，若此稱「齊師」。其小國之不得稱「師」，則直稱「人」，若僖二十二年「秋，八月，丁未，及邾人戰于升陘」稱「邾人」，「人」，亦衆辭也。所以然者，案春秋，凡君將稱君，將尊師衆稱某帥師。稱君，雖有君之尊，亦或嫌於君一人之辭。稱某帥師，雖有「師」之名，亦或嫌於主師者一人之辭。夫戰必有衆，一人之辭，以衆辭見之則微矣。春秋爲内諱，於内之敗，敗於整師之衆，則恥小猶可言，敗於一人之微，則恥大不可言，故皆直變以衆辭言之稱「師」也。

不言及之者，爲内諱也。

【集解】及，當有人。公親帥之，恥大，不可言。

【補注】此「不言及之者，爲内諱也」，是於内言之。謂凡内諱敗而以及某戰言，於内則皆諱不言及之者也。案此傳二句，與十年傳略同，而義相異者，十年傳主於内諱敗而以「來戰」言，此傳主於内諱敗而以及某戰言，故異也。

【經】六月，丁丑，蔡侯封人卒。

【經】秋，八月，蔡季自陳歸于蔡。

【傳】「蔡季」，蔡之貴者也。「自陳」，陳有奉焉爾。

【集解】陳以力助。

【補注】蔡季，即蔡侯獻武，蔡桓侯之弟。季，字。稱字者，與「許叔」義同。奉，助也。

【經】癸巳，葬蔡桓侯。

【集解】徐邈曰：「葬者，臣子之事，故書『葬』，皆以『公』配謚。此稱『侯』，蓋蔡臣子失禮，故即其所稱以示過。」

【經】及宋人、衛人伐邾。

【經】冬，十月，朔，日有食之。

【傳】言「朔」不言日，食既朔也。

【集解】既，盡也。盡朔一日，至明日乃食，是月二日食也。

【經】十有八年，春王，正月，公會齊侯于濼。

【集解】此年書「王」，以王法終始治桓之事。

【補注】此十八年，桓之終年也。終年亦有「王」者，慎終之道也。元年有「王」，十八年有「王」，見存天於終始也。濼，水名，在齊、魯之間。

【經】公與夫人姜氏遂如齊。

【集解】公本與夫人俱行，至濼，公與齊侯行會禮，故先書會濼。既會，而相隨至齊，故曰「遂」。「遂」，繼事之辭。他皆放此。

【傳】濼之會，不言「及夫人」，何也？

【集解】據夫人實在，當言「公及夫人姜氏會齊侯于濼」。

【補注】案僖十一年「夏，公及夫人姜氏會齊侯于陽穀」言「及夫人」。

以夫人之伉，弗稱數也。

【集解】濼之會，夫人驕伉，不可言「及」，故舍而弗數。今書「遂如齊」，欲録其致變之由，故不可以不書。實驕伉而不制，故不言「及」。

【補注】文姜志淫，驕而亢公，失其尊卑之道，故於濼之會，雖夫人實在，猶舍而弗稱，所以見抑之也。

【經】夏，四月，丙子，公薨于齊。

【集解】夫人與齊謀殺之。不書，諱也。魯公薨，正與不正，皆日。所以别内外也。

【傳】其地，於外也。

【補注】薨在齊，尤非常處，故謹而志之也。

薨稱「公」，舉上也。

【集解】公，五等之上。

【經】丁酉，公之喪至自齊。

【補注】定元年傳曰：「内之大事，日。」

【經】秋，七月。

【經】冬，十有二月，己丑，葬我君桓公。

【傳】「葬我君」，接上下也。

【集解】言「我君」，舉國上下之辭。

君弑，賊不討，不書「葬」。此其言「葬」，何也？

【集解】據隱公不書「葬」。

不責踰國而討于是也。

【集解】禮，君父之讎，不與共戴天。而曰「不責踰國而討于是」者，時齊彊大，非己所討，君子即而恕之，以申臣子之恩。

桓公葬而後舉謚。謚，所以成德也，於卒事乎加之矣。

【集解】「謚」者，行之迹〔一〕，所以表德。人之終卒，事畢於葬，故於葬定稱號也。昔武王崩，周公制謚法，大行受大名，小行受小名，所以勸善而懲惡。禮，天子崩，稱天命以謚之。諸侯薨，天子謚之。卿大夫卒，受謚於其君。

知者慮，義者行，仁者守。有此三者備，然後可以會矣。

【集解】桓無此三者，而出會大國，所以見殺。

〔一〕「迹」，原誤作「亦」，據鍾本改。

卷五

莊公

【補注】莊公名同，桓公之子，以莊王四年即位。案謚法，勝敵克壯曰「莊」。

【經】元年，春王，正月。

【傳】繼弒君，不言「即位」，正也。繼弒君，不言「即位」之爲正，何也？曰：先君不以其道終，則子不忍即位也。

【集解】據君不絶。

【經】三月，夫人孫于齊。

【集解】桓公夫人，文姜也。哀姜有殺子之罪輕，故僖元年曰「夫人氏之喪至自齊」，去

「姜」以貶之。文姜有殺夫之罪重，故去「姜氏」以貶之。此輕重之差。

【補注】夫人奔，例月。

【傳】「孫」之爲言，猶孫也。

【集解】孫，孫遁而去。

【補注】孫，遜也。「遜」之言，猶自退遜，其辭緩。「奔」之言，見國不容，其辭急。經諱公夫人而言「奔」，故變以「遜」言之也。

諱「奔」也。

接練時，録母之變，始人之也。

【集解】夫人初與桓俱如齊，今又書者，於練時感夫人不與祭，故始以人道録之。

【補注】練，謂十三月小祥練祭。此日以練布爲冠服，故以名祭。接，猶「近」。變，謂文姜殺夫，逃齊不歸事。「人」者，仁也，親親爲大也。案桓十八年，夫人文姜與桓公俱如齊，與齊襄通，遂謀殺桓公，留齊不歸，是已在齊也。桓公以四月薨，至此三月，近練之時，以文姜之殺夫逃齊，不得與祭，莊公念之，君子感之，故於此始特録「夫人孫于齊」，所以爲莊公申親親之恩也。

不言氏姓，貶之也。

【補注】僖八年傳曰：「言夫人必以其氏姓。」文姜爲桓公夫人，例當稱「夫人姜氏」。

人之於天也，以道受命。於人也，以言受命。

【集解】臣子則受君父之命，婦受夫之命。

【補注】人之於天，謂之「天命」。於人，謂之「教命」。天不言，以道示人，人順而行之，是受天命。人有言，以言教下，下奉而行之，是受教命。

不若於道者，天絶之也。

【集解】若，順。

不若於言者，人絶之也。

【補注】凡棄之於禮義之外，謂之「絶」。不順天道者，是自絶於天命，天亦將絶之。不奉上教者，是自絶於教命，人亦將絶之。既絶之，則猶死視之矣。孔子曰：「夫禮，先王以承天之道，以治人之情，故失之者死，得之者生。」

臣子大受命。

【集解】言義得貶夫人。

【補注】臣子之義，順天以奉上，崇道以敬教，故曰「大受命」。文姜，桓公夫人也，雖君之敵體，貴爲小君，而以妻殺夫，蔑其天理，喪其人倫，爲禮義所當誅絶，故義得貶之也。

【經】夏，單伯逆王姬。

【集解】單，姓也。伯，字。

【補注】王姬，王女也。

【傳】「單伯」者何？吾大夫之命乎天子者也。命大夫，故不名也。

【集解】諸侯歲貢士于天子，天子親命之，使還其國爲大夫者，不名。天子就其國命之者，以名氏通也。

【補注】定十四年傳曰：「天子之大夫，不名。」此傳曰：「命大夫，故不名也。」其皆不名者，尊周故也。尊周者，所以尊天子也。

其不言「如」，何也？

【集解】據僖三十年「公子遂如京師」言「如」。

其義不可受於京師也。其義不可受於京師，何也？曰：躬君弑於齊，使之主婚姻，與齊爲禮，其義固不可受也。

【集解】禮，尊卑不敵。天子嫁女于諸侯，必使同姓諸侯主之。魯桓親見殺于齊，若天子命使爲主，則非禮大矣。春秋爲尊者諱，故不可受之于京師。

【補注】禮云：「凡禮之大體，體天地，法四時，則陰陽，順人情，故謂之『禮』。訾之者，是不知禮之所由生也。」又云：「禮義也者，所以達天道、順人情之大竇也。」父母之讎，弗與共天下，雖除喪，居處猶若喪。婚者，吉禮。齊者，仇讎。今使魯主齊婚，其爲用喪處吉，與讎爲禮，非人情也，是訾之也。故不言「如京師」，使若無往受命，亦所以爲天子諱非禮而失義也。

【經】秋，築王姬之館于外。

【傳】築，禮也。于外，非禮也。

【集解】外，城外也。

【補注】築館於城外，則爲營衛不固，是輕王女，故曰「非禮」。

築之爲禮，何也？主王姬者，必自公門出。

【集解】公門，朝之外門。主王姬者，當設几筵于宗廟，以俟迎者，故在公門之内築王姬之館。

於廟則已尊，於寢則已卑。爲之築，節矣。

【補注】禮之進退謂之「節」。禮，天子適諸侯，必館於其祖廟。諸侯館於大國之孤，無孤，則館於卿。卿館於大夫，大夫館於士，士館於工商。若館王女於廟，嫌將與天子同，是失之過尊。諸侯嫁女於敵國，女自寢門出，若館王女於寢，嫌將與内女同，是失之過卑。宫廟朝廷，各有定處，無所館天子之女，故宜别爲之築。

築之外，變之正也。

【補注】未準於禮，而準於義，故曰「變之正」。若義，事凡斷決得中之謂，中故曰「正」。正之所至，則可以再復禮，是亦禮也。春秋與有變之正者，爲事之不可常爾。曲禮云：「禮從宜，使從俗。」

築之外，變之爲正，何也？仇讎之人，非所以接婚姻也。衰麻，非所以接弁冕也。

【集解】親迎，服祭服者，重婚姻也。公時有桓之喪。

【補注】衰麻，衰衣麻絰，謂喪服也。莊公在小祥内，未出喪，故曰「衰麻」。弁、冕，皆服冠名也。常服用弁，吉服用冕。

其不言齊侯之來逆，何也？不使齊侯得與吾爲禮也。

【補注】案二十七年「莒慶來逆叔姬」，傳曰：「『來』者，接内也。」范君曰：「接内，謂與君爲禮也。」今魯實主婚姻，齊侯實來親逆，雖館王女於外，亦必有與公接禮之事。既有其事，則例當言「齊侯來逆王姬」，而經不言者，以桓親弒於齊，仇讎之人，無時而可與通，今齊反因婚姻，與公接禮，義不可受之，故不言來逆，使見若齊侯未得與公接禮也。

【經】冬，十月，乙亥，陳侯林卒。

【傳】諸侯日「卒」，正也。

【經】王使榮叔來錫桓公命。

【集解】榮，氏。叔，字。天子之上大夫也。禮有九錫，一曰「輿馬」，二曰「衣服」，三曰「樂則」，四曰「朱户」，五曰「納陛」，六曰「虎賁」，七曰「弓矢」，八曰「鈇鉞」，九曰「秬鬯」，皆所以褒德賞功也。德有厚薄，功有輕重，故命有多少。何休曰「桓弒逆之人，王法所宜誅絶，而反錫命，悖亂天道，故不言『天王』也」。文五年「王使榮叔歸含且賵」，則曰「含者，臣子之職也，以至尊行卑事，故不言『天王』也」。「三月，王使毛伯來會葬」，又曰「刺比失禮，故亦不言『天王』也」。甯案僖二十四年「天王出居于鄭」，不可最大矣。禮，天子既有賵含之制，傳但譏二事共一使耳，言「且」，所以示譏，一事無再貶之道也。以天王之尊會人妾祖母之葬，誠失禮矣。孰若「使家父來求車」之不可乎？此三者皆言「天王」，明非義之所存。舊史有詳略，夫子因而弗革，故知曲説雖巧，致遠則滯矣。

【傳】禮，有受命，無來錫命。錫命，非正也。

【集解】賞人於朝，與士共之，當召而錫也。周禮大宗伯職曰：「王命諸侯，則儐之。」是來受命。

【補注】錫，賜也。禮，天子爵人於朝，封諸侯於廟，故有諸侯之往受命，無天子之來賜命也。白虎通云：「爵人於朝者，示不私人以官，與衆共之義也。封諸侯於廟者，示不自專也。明法度皆祖之制也，舉事必告焉。」王來賜命，則嫌私而卑矣。

生服之，死行之，禮也。生不服，死追錫之，不正甚矣。

【補注】追錫，謂追賜桓公命也。周禮，上公九命，侯伯七命，子男五命。案魯是侯伯，例得七命，今死而追賜，是於七命之外再加命也。公羊云：「命者何？加我服也。」何休云：「『言『命』，不言『命服』者，重命，不重其財物。」是王賜諸侯，皆有服也。又云：「禮，生有善行，死當加善謚，不當復加錫。」白虎通云：「不得追爵錫之者，以其未當股肱也。」

許慎云：「王使榮叔錫魯桓公命，追錫死者，非禮也。死者功可追而錫，如有罪，又可追而刑耶？」

【經】王姬歸于齊。

【傳】爲之中者，「歸」之也。

【經】齊師遷紀、郱鄑郚。

【傳】紀，國也。郱鄑郚，國也。

【集解】此國以三言爲名。

或曰，遷紀于郱鄑郚。

【集解】十年「宋人遷宿」，傳曰：「『遷』，亡辭也。其不地，宿不復見矣。」齊師遷紀，四年，復書「紀侯大去其國」者，紀侯賢，不與齊師之亡紀，故變文以見義。郱鄑郚之君，無紀侯之賢，故不復見，從常例也。若齊師遷紀于郱鄑郚，當言「于」以明之，又不應復書地，當如「宋人遷宿」、「齊人遷陽」。「或曰」之説，甯所未詳。

【補注】遷國義，詳十年。

【經】二年，春王，二月，葬陳莊公。

【經】夏，公子慶父帥師伐於餘丘。

【集解】慶父，名。字仲父。

【傳】國而曰「伐」。「於餘丘」，邾之邑也。其曰「伐」，何也？公子，貴矣。師，重矣。而敵人之邑，公子病矣。病公子，所以譏乎公也。

【補注】言「伐」則見重，以「伐」之重，宜施於國，不宜施於邑。此施於邾之邑者，見以公子之貴，師之衆，而重施於邑，敵邑如敵國然，是病公子也。病公子，亦所以譏乎公也。

其一曰，君在而重之也。

【集解】邾君在此邑，故不繼于邾，使若國。

【補注】存其兩説也。

【經】秋，七月，齊王姬卒。

【傳】爲之主者「卒」之也。

【集解】主其嫁，則有兄弟之恩，死，則服之。服之，故書「卒」。禮記曰：「齊告王姬之喪，魯莊公爲之大功。」

【補注】四年傳曰：「外夫人不『卒』。」又四年范君曰：「内女『卒』，例日。」則齊王姬書「卒」者，爲主其嫁，恩義有及，故書之也。不日者，雖有及，亦輕於内女也。

【經】冬，十有二月，夫人姜氏會齊侯于禚。

【集解】禚，齊地。

【補注】案春秋，夫人行，例書時。此月者，爲下「宋公馮卒」日起。

【傳】婦人既嫁，不踰竟。踰竟，非正也。婦人不言「會」，言「會」，非正也。饗，甚矣。

【集解】饗在四年。

【補注】婦人有閨内之脩，無境外之志，其道不專行也。以婦人而言外事，皆見非正。

【經】乙酉，宋公馮卒。

【經】三年，春王，正月，溺會齊侯伐衛。

【集解】徐邈曰：「傳例曰，往月，危往也。齊受天子罪人，爲之興師，而魯與同，其理危也。」

【補注】衛侯朔得罪於天子，以桓十六年奔齊，天子更立衛君。齊既受天子罪人，又於是興師，將以納朔，非道甚也。而魯會之，與齊同事，故謹月以見危之也。

【傳】「溺」者，何也？公子溺也。其不稱「公子」，何也？

【集解】據二年「公子慶父帥師伐於餘丘」稱「公子」。惡其會仇讎，而伐同姓，故貶而名之也。

【經】夏，四月，葬宋莊公。

【傳】月「葬」，故也。

【經】五月，葬桓王。

【傳】傳曰，改葬也。

【集解】若實改葬，當言「改」以明之，「郊牛〔一〕之口傷，改卜牛」是也。傳當以七年乃葬，故謂之「改葬」。

【補注】禮，天子七月而葬。案桓王以桓十五年三月崩，至此喪踰七年，而經書「葬」，故傳

〔一〕「牛」，原誤作「生」，據鍾本改。

者以爲改葬也。

改葬之禮，緦，舉下緬也。

【集解】緦者，五服最下。言舉下緬上，從緦皆反其故服，因葬桓王記改葬之禮，不謂改葬桓王當服緦也。猶「晦，震夷伯之廟」，因明天子諸侯之制，不謂夷伯非魯之大夫也。甯之先君與蔡司徒論之詳矣。江熙曰：「葬稱『公』，舉五等之上。改葬禮，緦，舉五服之下，以喪緬藐遠也。天子諸侯易服而葬，以爲交於神明者，不可以純凶，況其緬者乎？是故改葬之禮，其服唯輕。言『緬』，釋所以『緦』也。」

【補注】禮，喪服有五，斬衰，齊衰，大功，小功，緦麻，各以其遠近親疏。緦，是五服最下，服之最輕者。改葬之禮，從緦麻以上，皆反其故服。傳獨舉「緦」者，舉其最下，則知其餘皆然也。太常先生曰：「喪服：『改葬，緦。』鄭注：『服緦者，臣爲君也，子爲父也，妻爲夫也。必服緦者，親見尸柩，不可以無服。緦三月而除之。』案若反故服，則直曰『斬』可也。故知緦者，服其下服，以示追遠而已，以別於正葬也。」

或曰，郤尸以求諸侯。

【集解】停尸七年，以求諸侯會葬，非人情也。

【補注】卻，猶「止」。桓王崩，七月當葬，諸侯無來會葬者，故止葬事以待諸侯。至此七年，諸侯始來，遂葬之。存其兩説也。

天子志「崩」不志「葬」，必其時也。何必焉？舉天下而葬一人，其義不疑也。志「葬」，故也，危不得葬也。曰：近不失崩，不志崩，失天下也。

【集解】京師去魯不遠，赴告之命，可不踰旬而至。史不志崩，則亂可知。

獨陰不生，獨陽不生，獨天不生。

【補注】陰，猶女也，其成婦以作母。陽，猶男也，其成夫以作父。天，猶道也，其成禮以作功。

三合，然後生。

【集解】徐邈曰：「古人稱萬物負陰而抱陽，沖氣以爲和。然則傳所謂『天』，蓋名其沖和之功，而神理所由也。會二氣之和，極發揮之美者，不可以『柔』、『剛』滯其用，不得以『陰』、『陽』分其名，故歸於冥極，而謂之『天』。凡生類稟靈知於天，資形於二氣，故又曰『獨天不生』，必三合，而形神生理具矣。」

【補注】「陰」、「陽」者，氣之分。「天」者，道之體。陰、陽不由道運，則無可通交會而宣生化。男、女不由禮合，則無可達夫婦而傳繼嗣。故以體言之，則在氣爲「陰」、「陽」，在人爲「男」、「女」。以用言之，則在天爲「道」，在人爲「禮」。

故曰「母之子」也可，

【補注】「母之子」，亦猶「父之子」。

「天之子」也可。尊者取尊稱焉，卑者取卑稱焉。

【集解】王者尊，故稱「天子」。衆人卑，故稱「母子」。

【補注】尊卑既別，則名分亦定矣。

其曰「王」者，民之所歸往也。

【經】秋，紀季以酅入于齊。

【集解】季，紀侯弟。

【傳】酅，紀之邑也。「入于齊」者，以酅事齊也。「入」者，内弗受也。

【集解】雍曰：「紀國微弱，齊將吞併。紀季深睹存亡之機，大懼社稷之傾，故超然遐舉，以酅事齊，庶胤嗣不泯，宗廟永存，春秋賢之，故褒之以字。齊受人之邑，而滅人之國，故於義不可受也。」

【經】冬，公次于郎。

【傳】次，止也，有畏也，欲救紀而不能也。

【集解】畏齊。

【經】四年，春王二月，夫人姜氏饗齊侯于祝丘。

【集解】饗，食也，兩君相見之禮。凡會書月，著時事有危。雖於公發例，亦無所不關。祝丘，魯地。

【傳】饗，甚矣。

【集解】以非禮尤甚，故謹而月之。

「饗齊侯」，所以病齊侯也。

【補注】齊侯亦與有辱也。

【經】三月，紀伯姬卒。

【集解】隱二年履緰所逆者。内女「卒」，例日。伯姬失國，略之，故月也。

【傳】外夫人不「卒」，此其言「卒」，何也？吾女也。適諸侯，則尊同。以吾爲之變，「卒」之也。

【集解】禮，諸侯絶傍期。姑姊妹女子子嫁於國君者，尊與己同，則爲之服大功九月，變不服之例。然則適大夫者，不書「卒」。

【經】夏，齊侯、陳侯、鄭伯遇于垂。

【集解】傳例曰，不期而會曰「遇」。「遇」者，志相得也。

【經】紀侯大去其國。

【傳】「大去」者，不遺一人之辭也。言民之從者，四年而後畢也。

【補注】元年齊師遷紀，民從紀侯者相率不輟，至此乃盡也。其見紀侯之得民。

紀侯賢，而齊侯滅之，不言「滅」，而曰「大去其國」者，不使小人加乎君子。

【集解】不曰「滅」而曰「大去其國」，蓋抑無道之彊，以優有道之弱。若進止在己，非齊所得滅也。何休曰：「春秋楚世子商臣弑其君，其後滅江、六，不言『大去』。又『大去』者，於齊『滅』之不明，但知不使小人加乎君子，而不言『滅』，縱失襄公之惡，反爲『大去』也。」鄭君釋之曰：「商臣弑其父，大惡也，不得但爲小人。江、六之君，又無紀侯得民之賢，不得變『滅』言『大去』也。元年冬『齊師遷紀』，三年『紀季以酅入于齊』，今『紀侯大去其國』，是足起齊『滅』之矣。即以變『滅』言『大去』，爲縱失襄公之惡，是乃經也，非傳也。且春秋因事見義，舍此以滅人爲罪者自多矣。」

【經】六月，乙丑，齊侯葬紀伯姬。

【傳】外夫人，不書「葬」。此其書「葬」，何也？吾女也。失國，故隱而「葬」之。

【集解】隱，痛也。不曰〔一〕「卒」，而曰「葬」，閔紀之亡也。

【補注】案隱二年「冬，十月，伯姬歸于紀」，是伯姬嫁於紀。今紀亡，故曰「失國」。

【經】秋，七月。

【經】冬，公及齊人狩于郜。

【集解】郜，齊地。

【傳】「齊人」者，齊侯也。其曰「人」，何也？卑公之敵，所以卑公也。

【集解】内無貶公之道。

〔一〕「曰」，案上經「三月，紀伯姬卒」，非「不曰」也，則知此「曰」當作「日」，字之誤也。又下「而曰『葬』」，案經於「卒」不日，而於「葬」日，則知下「曰」字亦當作「日」。

何爲卑公也？不復讎，而怨不釋。

【補注】曲禮云：「父之讎，弗與共戴天。」君、國一體，君讎，猶國讎也。國讎，則國人共怨。共怨，則必復讎，乃得釋之，故大之也。大之者，大之邦君，大之國人，是必登其公義，將以申一國之孝勇，非敢以逞私志也。

刺釋怨也。

【補注】臣子之義，無直貶君之道。莊公不知復讎，反與齊侯共狩於郜，讎之未復，而怨已釋，没其孝勇，棄其所大，故卑齊侯，藉以卑公，所以刺公之釋怨也。刺，是言之鋭者。傳曰「刺」，見深責之也。

【經】五年，春王，正月。

【經】夏，夫人姜氏如齊師。

【傳】師而曰「如」，衆也。

【集解】言「師」，衆大如國，故可以言「如」。若言「如齊侯」，則不可。

婦人既嫁，不踰竟。踰竟，非禮也。

【經】秋，郳黎來來朝。

【集解】黎來，名也。

【傳】郳，國也。

【補注】郳，邾之别封也。後爲「小邾」。黎來，微國之君，未爵命者也。

【經】冬，公會齊人、宋人、陳人、蔡人伐衛。

【集解】納惠公朔。

【傳】是齊侯、宋公也。其曰「人」，何也？「人」諸侯，所以「人」公也。其「人」公，何也？逆天王之命也。

【集解】王不欲立朔也。

【補注】王者，天之所授命也。逆天王之命，則是逆天也。逆天倒行，曰大不順，其罪尤深矣。大戴禮本命：「大罪有五。逆天地者，罪及五世。誣文武者，罪及四世。逆人倫者，罪及三世。誣鬼神者，罪及二世。殺人者，罪止其身。故大罪有五，殺人爲下。」孔子曰：「父之於子，天也。君之於臣，天也。有子不事父，有臣不事君，是非反天而倒行邪？」

【經】六年，春王，三月，王人子突救衛。

【集解】徐邈曰："諸侯不奉王命，朔遂得簒，王威屈辱，有危，故月也。救衛，於義善，故重子突。功不立，故著其危。"

【補注】月以見危之例，宜施於内，此施之於王人者，范君答薄氏云："王者安危，天下所繫，故亦與内同也。"

【傳】"王人"，卑者也。

【補注】子突，天子士也。士卑，例略稱"人"。

稱名，貴之也。

【集解】何休以爲，稱"子"，則非名也。鄭君釋之曰："王人，賤者，録則名可。今以其銜命救衛，故貴之。貴之，則『子突』爲字可知，明矣。此『名』當爲『字』誤爾。"徐乾曰："『王人』者，卑者之稱也。當直稱『王人』而已，今以其能奉天子之命，救衛而拒諸侯，故加名以貴之。僖八年『公會王人、齊侯』，是卑者之常稱。"

善救衛也。救者善，則伐者不正矣。

【經】夏，六月，衛侯朔入于衛。

【傳】其不言「伐衛納朔」，何也？

【集解】據九年「伐齊納糾」言「納」。

不逆天王之命也。

【集解】不與諸侯得納王之所絶。

「入」者，内弗受也。何用弗受也？爲以王命絶之也。

【補注】因王不欲立朔，故弗受言「入」，見尊從王命，以絶棄之，不使得立爲君也。

朔之名，惡也。朔入逆，則出順矣。朔出入名，以王命絶之也。

【補注】朔爲天子所不容，故出入皆名，見以王命絶棄之，不使有得國之道也。

【經】秋，公至自伐衛。

【傳】惡事不致，此其致，何也？

【集解】據襄九年，時有穆姜之喪，會諸侯伐鄭，不致。

【補注】「致」者，告廟致成也。告廟致成，禮也。惡事非禮，無得以禮告焉，故不得致而書「至」。今逆天王之命以伐衛，罪惡甚矣，而經反書「至」，傳遂執以設問。

不致，則無用見公之惡事之成也。

【補注】小惡猶可避，大罪無可免。逆天王之命，罪惡甚矣，故特謹書「至」，用見公之惡事之成，且無反躬之意也。

【經】螟。

【經】冬，齊人來歸衛寶。

【補注】衛寶，衛之賂也。

【傳】以齊首之，分惡於齊也。使之如下齊而來我然，惡戰則殺矣。

【集解】若衛自歸寶於齊，過齊，然後與我，齊首其事，則我與王人戰罪差減。

【補注】惡戰，謂伐衛與王人戰。殺，減。經曰「齊人來歸衛寶」，其若衛先賂之於齊，齊復轉歸於我，是分惡於齊，則齊爲罪首，可以稍輕魯罪，亦僖二十八年傳所謂「主善以内，目惡以外」也。

【經】七年，春，夫人姜氏會齊侯于防。

【集解】防，魯地。

【傳】婦人不會。會，非正也。

【經】夏，四月，辛卯昔，恒星不見。

【傳】「恒星」者，經星也。

【集解】經，常也。謂常列宿。

【補注】四方二十八宿，謂之「經星」。二十八宿，布在四方，每方七宿。東方蒼龍，角、亢、氐、房、心、尾、箕。南方朱鳥，井、鬼、柳、星、張、翼、軫。西方白虎，奎、婁、胃、昴、畢、觜、參。北方玄武，斗、牛、女、虛、危、室、壁。二十八宿所見之方，與四時相逆，春則南方見，夏則東方見，秋則北方見，冬則西方見。周四月，夏之二月也，於時南方七宿盡當列見。

日入至於星出，謂之「昔」。「不見」者，可以見也。

【補注】時當可見而不見，異之，故謹志其「不見」。

【經】夜中，星隕如雨。

【集解】如，而也。星既隕而復雨。

【補注】此接上經「恒星不見」。京房易傳云：「君不任賢，厥妖天雨星。」夜中，謂子時也。

【傳】其隕也如雨，是夜中與？

【集解】星既隕而雨，必晦暝，安知夜中乎？

【補注】此設問。

春秋著以傳著，疑以傳疑。

【集解】明實録也。

中之幾也，而曰「夜中」，著焉爾。

【集解】幾，微也。星既隕而雨，中微難知，而曰「夜中」，自以實著爾，非億度而知。

何用見其中也？失變，而録其時，則夜中矣。

【集解】失星變之始，而録其已隕之時，檢録漏刻，以知夜中。

其不曰「恒星」之隕，何也？我知恒星之不見，而不知其隕也。

【補注】案上「辛卯，昔，恒星不見」，恒星雖不見，然此所隕者，未必是彼恒星，故此不得言「恒星」之隕也。

我見其隕而接於地者，則是「雨」説也。

【集解】言我見從上來，接於下，然後可言「雨星」。今唯見在下，故曰「隕星」。

【補注】凡自上而下謂之「雨」，若桓八年「冬，十月，雨雪」，文三年秋「雨螽于宋」，皆謂之「雨」。星隕，亦若雨之自上而下接於地者，則宜謂之「雨星」。此句爲發傳下句，解經所以不言「雨星」者。

著於上，見於下，謂之「雨」。著於下，不見於上，謂之「隕」。豈「雨」説哉？

【集解】解經不得言「雨星」，而言「隕星」也。鄭君曰：「衆星列宿，諸侯之象。不見者，是諸侯棄天子禮義法度也。」劉向曰：「隕者，象諸侯隕墜，失其所也。又中夜而隕者，象不終其性命，中道而落。」

【補注】「雨」之言，言其降而不止，上下相接然也。「隕」之言，言其即降即止，不得上下相接然也。雖皆自上而下，但唯其降而不止，上下相接然者，方得以「雨」言之，若「雨雪」、「雨雹」，皆是降而不止，上下相接然，故謂之「雨」。若其即降即止，不得上下相接然者，則宜謂之「隕」，若僖三十三年「隕霜，不殺草」，霜則即降即止，不得上下相接然，故謂之「隕」。隕星亦如隕霜，即降即止，不得上下相接然，則豈得以「雨」言之哉？故以「隕」言之也。劉向以爲，天垂象以視下，將欲人君防惡遠非，慎卑省微，以自全安也。如人君有賢明之材，畏天威命，若高宗謀祖己，成王泣金縢，改過脩正，立信布德，存亡繼絶，脩廢舉逸，下學而上達，裁什一之税，復三日之役，節用儉服，以惠百姓，則諸侯懷德，士民歸仁，災消而福興矣。遂莫肯改寤，法則古人，而各行其私意，終於君臣乖離，上下交怨。自是之後，齊、宋之君弑，譚、遂、邢、衛之國滅，宿遷於宋，蔡獲於楚，晉相弑殺，五世乃定，此其效也。

【經】秋，大水。

【傳】高下有水災，曰「大水」。

【經】無麥、苗。

【補注】水災故。

【傳】麥、苗同時也。

【集解】麥與黍稷之苗同時死。

【經】冬，夫人姜氏會齊侯于穀。

【集解】穀，齊地。

【傳】婦人不會。會，非正也。

【經】八年，春王，正月，師次于郎，以俟陳人、蔡人。

【集解】時陳、蔡欲伐魯，故出師以待之。

【傳】次，止也。俟，待也。

【補注】三年傳曰：「次，止也，有畏也。」此傳惟曰「止」，不曰「有畏」，則「次」有二義，不皆爲畏也。

【經】甲午，治兵。

【傳】出曰「治兵」，習戰也。入曰「振旅」，習戰也。

【集解】振，整也。旅，衆也。

【補注】出軍至對陣，用治兵禮。戰止至還歸，用振旅法。治兵，則幼賤在前，尚勇力也。振旅，則尊老在前，復常儀也。

治兵，而陳、蔡不至矣。兵事以嚴終。

【集解】以嚴整終事，故敵人不至。

故曰，善陳者不戰，此之謂也。善爲國者不師，

【集解】導之以德，齊之以禮。江熙曰：「鄰國望我，歡若親戚，何師之爲？」

善師者不陳，

【集解】師衆素嚴，不須耀軍列陳。江熙曰：「上兵伐謀，何乃至陳？」

善陳者不戰，

【集解】軍陳嚴整，敵望而畏之，莫敢戰。

善戰者不死，

【集解】投兵勝地，故無死者。江熙曰：「辟實攻虛，則不死。」

善死者不亡。

【集解】民盡其命，無奔背散亡者也。江熙曰：「見危授命，義存君親，雖没猶存。」

【經】夏，師及齊師圍郕，

【補注】直圍之爾。

郕降于齊師。

【傳】其曰「降于齊師」何？不使齊師加威於郕也。

【集解】郕，同姓之國，而與齊伐之，是用師之過也。故使若齊無武功，而郕自降。

【經】秋，師還。

【傳】「還」者，事未畢也，遯也。

【集解】郕已降，而以「未畢」爲文者，蓋辟滅同姓之國，示不卒其事。

【補注】「還」之爲言，猶在途也，故是事未畢之辭。事既未畢，則不致其成。遯，猶「遁」，避也。爲魯避滅同姓，故曰「還」，使若不終其事然。此亦傳所謂「惡事不致」者。

【經】冬，十有一月，癸未，齊無知弑其君諸兒。

【傳】大夫弑其君，以國氏者，嫌也。弑而代之也。

【經】九年，春，齊人殺無知。

【傳】無知之挈，失嫌也。稱「人」以殺大夫，殺有罪也。

【經】公及齊大夫盟于暨。

【集解】暨，魯地。

【傳】公不及大夫。

【集解】春秋之義，内大夫可以會諸侯，公不可以盟外大夫，所以明尊卑、定内外也。今齊國無君，要當有任其盟者，故不得不以權通。

【補注】不以「齊人」言之者，以齊無君，故不嫌也。

大夫不名，無君也。

【集解】禮，君前臣名。齊無君，故大夫不名。

盟納子糾也。不日，其盟渝也。

【集解】變盟立小白。

當齊無君，制在公矣。當可納而不納，故惡内也。

【補注】惡魯之重利輕義也。齊人來迎子糾，魯不遽納，反要盟以求其利，齊人乃復迎小白。

【經】夏，公伐齊納糾。

【集解】不言「子糾」，而直云「糾」者，盟繫在於魯，故挈之也。春秋於内公子爲大夫者，乃記其奔。子糾不爲大夫，故不書其奔。鄭忽既受命嗣位，是以書其出。然則重非嫡嗣，官非大夫，皆事例所略，故許叔、蔡季、小白、重耳通亦不書「出」。

【補注】「納」者，外有所制之辭。言「納」，則見「伐」義。

【傳】當可納而不納，齊變，而後伐，故乾時之戰不諱「敗」，惡内也。

【集解】何休曰：「三年『溺會齊師伐衛』，故貶而名之。四年『公及齊人狩于郜』，故卑之曰『人』。今親納讎子，反惡其晚，恩義相違，莫此之甚。」鄭君釋之曰：「於讎不復，則怨不釋，而魯釋怨，屢會仇讎，一貶其臣，一卑其君，亦足以責魯臣子，其餘則同，不復譏也。至於『伐齊納糾』，譏當可納而不納爾。此自正義，不相反也。」甯謂讎者，無時而可與通，縱納之遲晚，又不能全保讎子，何足以惡内乎？然則乾時之戰不諱「敗」，「齊人取子糾殺之」，皆不迂其文，正書其事，内之大惡，不待貶絶，居然顯矣。二十四年公如齊親迎，亦其類也。「惡内」之言，傳或失之。

【補注】齊殺桓公，與魯則爲仇讎，理不當納讎子，而此以「當可納而不納」惡内者，春秋雖大復讎，亦必居正以行，不欲乘人之危。復讎，義也。納糾，正也。魯於齊之未亂，既不能知復讎，今於齊之内亂，又不能行居正，故君子惡之也。

【經】齊小白入于齊。

【傳】大夫出奔，反，以好曰「歸」，以惡曰「入」。齊公孫無知弑襄公，公子糾、公子小白不能存，出亡。

【集解】成十四年「衛孫林父自晉歸于衛」是也。

【集解】子糾奔魯，小白奔莒。

齊人殺無知，而迎公子糾於魯。公子小白不讓公子糾，先入，

【補注】經先録「納糾」，而傳曰小白「先入」者，以伐齊納糾是始行即書，小白入齊是得告乃書，故事先而文後也。

又殺之于魯，故曰「齊小白入于齊」，惡之也。

【經】秋，七月，丁酉，葬齊襄公。

【集解】諸公子爭立，國亂，故危之。

【經】八月，庚申，及齊師戰于乾時，我師敗績。

【集解】不言及者主名，内之卑者。乾時，齊地。

【經】九月，齊人取子糾，殺之。

【集解】言「子糾」者，明其貴宜爲君。

【傳】外不言「取」。

【補注】言不以外「取」内也。

言「取」，病内也。「取」，易辭也，猶曰取其子糾而殺之云爾。

【集解】猶言自齊之子糾，今取而殺之。言魯不能救護也。

十室之邑，可以逃難。百室之邑，可以隱死。以千乘之魯，而不能存子糾，以公爲病矣。

【經】冬，浚洙。

【傳】「浚洙」者，深洙也。著力不足也。

【集解】畏齊難。

【補注】洙水出魯國東北，西南入泲水，下合泗。浚，深也。

【經】十年，春王，正月，公敗齊師于長勺。

【集解】長勺，魯地。

【傳】不日，疑戰也。

【集解】「疑戰」者，言不克日而戰，以詐相襲。

疑戰而曰「敗」，勝内也。

【集解】勝内，謂勝在内。

【補注】案十一年「夏，五月，戊寅，公敗宋師于鄑」，傳曰：「其日，成敗之也。」范君曰：「結日列陳，不以詐相襲，得敗師之道，故曰『成』也。」是非疑戰而敗者，例書日。若疑戰者，則以詐相襲，不得其敗師之道，故不得書日以成之。疑戰不得其敗師之道，而猶曰「敗」者，直舉其戰勝言也。

【經】二月，公侵宋。

【傳】侵，時。此其月，何也？乃深其怨於齊，又退侵宋，以衆其敵。惡之，故謹而月之。

【經】三月，宋人遷宿。

【補注】遷其國，取其故地。

【傳】「遷」，亡辭也。

【集解】爲人所遷，則無復國家，故曰「亡辭」。閔二年「齊人遷陽」亦是也。

其不地，宿不復見也。

【集解】國亡，不復見。經不言「滅」者，言「滅」，則弑其君，滅其宗廟社稷，就而有之，不遷其民。

【補注】「不復見」者，謂宿亡後，不復見於春秋。既不復見於春秋，故亦略不書遷地。

「遷」者，猶未失其國家以往者也。

【集解】謂自遷者。僖元年「邢遷于夷儀」、成十五年「許遷于葉」之類是也。彼二傳曰「『遷』者，猶得其國家以往者也」，此傳云「『遷』者，猶未失其國家以往」，互文也。

【補注】「『遷』，亡辭也」者，謂爲人所遷，若此「宋人遷宿」，是宿爲宋所遷，宋取其故地。「『遷』者，猶未失其國家以往者也」者，謂其國自遷，若僖元年「邢遷于夷儀」，是邢辟狄難，自遷以存國。范君略例云：「凡『遷』有十。亡『遷』有三者，齊人遷陽，宋人遷宿，齊師遷紀是也。好『遷』有七者，邢遷夷儀，衛遷帝丘，蔡遷州來，許遷于葉，許遷于夷，許遷白羽，許遷容城是也。餘『遷』皆月。許四『遷』不月者，以其小，略之如邑也。遷紀不月者，文承月下，蒙之可知也。」是「遷」有二義，一以表亡，一以表存也。

【經】夏，六月，齊師、宋師次于郎。

【傳】次，止也，畏我也。

【經】公敗宋師于乘丘。

【集解】乘丘，魯地。

【傳】不日，疑戰也。疑戰而曰「敗」，勝内也。

【經】秋，九月，荆敗蔡師于莘，

【集解】莘，蔡地。

以蔡侯獻武歸。

【傳】「荆」者，楚也。何爲謂之「荆」？狄之也。何爲狄之？聖人立，必後至；天子弱，必先叛，故曰「荆」，狄之也。蔡侯何以名也？

【集解】據僖十五年秦獲晉侯不名。

絶之也。何爲絶之？獲也。

【補注】禮，國君死社稷，大夫死衆，士死制。蔡侯不能死社稷，又不能奔亡以圖後，而忍虜於夷狄，其遺辱中國，君子惡之，故直稱名，見禮法所當絶棄，不得成君也。

中國不言「敗」。

【集解】據宣十二年「晉荀林父帥師及楚子戰于邲，晉師敗績」不言「敗晉師」。

【補注】「中國不言『敗』」者，謂文不以夷狄而直言「敗」中國也。

此其言「敗」，何也？

【補注】此「荆敗蔡師于莘」，是以夷狄而直言「敗」中國，與常例反，傳遂執以設問。

中國不言「敗」，蔡侯其見獲乎？其言「敗」，何也？釋蔡侯之獲也。

【補注】不先言「戰」，而直曰「敗」，爲見蔡之不能戰，故君所以爲夷狄所獲也。

「以歸」，猶愈乎「執」也。

【集解】爲中國諱見「執」，故言「以歸」。

【經】冬，十月，齊師滅譚，譚子奔莒。

【集解】桓十一年「鄭忽出奔衛」，傳曰：「其名，失國也。」十六年「衛侯朔出奔齊」，傳曰：「朔之名，惡也。」然則出奔書名，有二義。譚子國滅，不名，蓋無罪也。凡書「奔」者，責不死社稷。不言「出」者，國滅，無所出也。他皆放此。

【補注】譚，齊之屬國也。案春秋，凡諸侯出奔，其稱名者，或見國更立主，因遽失國，或見國人所惡，得致奔之罪，各準所重爾。其不名者，或見國猶追奉，不遽失國，或見無罪非惡，但爲人滅逐，亦各準所重爾。然國君之義，當與社稷宗廟共存亡，故凡書「奔」者，皆有責其不能死社稷也。

【經】十有一年，春王，正月。

【經】夏，五月，戊寅，公敗宋師于鄑。

【集解】郚，魯地。

【傳】内事，不言「戰」，舉其大者。其日，成敗之也。

【集解】結日列陳，不以詐相襲，得敗師之道，故曰「成」也。

宋萬之獲也。

【補注】傳曰「宋萬之獲」者，以下十二年秋「宋萬弑其君捷」，則萬是弑君之賊，故傳於此特先申之。經不書者，僖元年傳曰：「内不言『獲』。」范君曰：「『獲』者，不與之辭。主善以内，故不言『獲』。」

【經】秋，宋大水。

【傳】外災，不書。此何以書？王者之後也。

【補注】案樂記，武王克殷，下車封夏之後於杞，封殷之後於宋。則宋是殷之後，尊異諸侯，故特書之也。然杞亦王者之後，而經不書杞災者，義詳襄九年。

高下有水災曰「大水」。

【經】冬，王姬歸于齊。

【傳】其志，過我也。

【經】十有二年，春王，三月，紀叔姬歸于酅。

【集解】酅，紀邑也，紀季所用入于齊者。紀國既滅，故歸酅。

【傳】國而曰「歸」。此邑也，其曰「歸」，何也？吾女也。失國，喜得其所，故言「歸」焉爾。

【集解】江熙曰：「四年齊滅紀，不言『滅』而言『大去』者，義有所見爾，則國滅也。叔姬來歸不書，非歸寧，且非大歸也。叔姬守節，積有年矣。紀季雖以酅入于齊，不敢懷貳。然襄公豺狼，未可闇信。桓公既立，德行方宣於天下，是以叔姬歸于酅，魯喜其女得申其志。」

【補注】婦人生有外成之義，故既嫁，則以夫爲家。叔姬嫁於紀，紀國滅，故還魯。今復歸酅，是得其所也。

【經】夏，四月。

【經】秋，八月，甲午，宋萬弒其君捷，

【集解】捷，宋閔公。

【傳】宋萬，宋之卑者也。卑者以國氏。

【經】及其大夫仇牧。

【補注】此接上經「宋萬弒其君捷」。

【傳】以尊及卑也。仇牧閑也。

【集解】仇牧捍衛其君，故見殺也。桓二年傳曰：「臣既死，君不忍稱其名。」今仇牧書名，則知宋君先弒。

【經】冬，十月，宋萬出奔陳。

【集解】宋久不討賊，致令得奔，故謹而月之。

【經】十有三年，春，齊人、宋人、陳人、蔡人、邾人會于北杏。

【集解】北杏，齊地。

【傳】是齊侯、宋公也。其曰「人」，何也？始疑之。何疑焉？桓非受命之伯也，將以事授之者也。

【集解】言諸侯將權時推齊侯，使行伯事。

【補注】伯，謂東、西二伯。伯，長也。天子畿外之大君，莫大於二伯。二伯各職主當方之事，征半天下。「桓非受命之伯」者，謂齊桓於此，將行伯事，是諸侯權時而推之，非受之於王命也。周禮，九命作伯。諸侯必賜命受弓矢，然後乃得以專征伐。案左傳，莊二十七年冬，王使召伯廖賜桓公命，由是桓乃受命爲侯伯也。

曰：可矣乎？未乎？

【集解】邵曰：「疑齊桓雖非受命之伯，諸[一]侯推之，便可以爲伯乎？未也？」

舉「人」，衆之辭也。

【集解】稱「人」，言非王命，衆授之以事。

【經】夏，六月，齊人滅遂。

【傳】遂，國也。

【補注】魯之屬國也。

其不日，微國也。

【經】秋，七月。

[一]「諸」字原無，據鍾本補。

【經】冬，公會齊侯盟于柯。

【集解】柯，齊地。

【傳】曹劌之盟也，信齊侯也。

【集解】曹劌之盟，經傳無文，蓋有信者也。公羊傳曰：「要盟可犯，而桓公不欺。曹子可讎，而桓公不怨。桓公之信，著於天下，自柯之盟始。」

【補注】公羊云：「莊公將會乎桓，曹子進曰：『君之意何如？』莊公曰：『寡人之生則不若死矣。』曹子曰：『然則君請當其君，臣請當其臣。』莊公曰：『諾。』於是會乎桓。莊公升壇，曹子手劍而從之。管子進曰：『君何求乎？』曹子曰：『城壞壓境，君不圖與？』管子曰：『然則君將何求？』曹子曰：『願請汶陽之田。』管子顧曰：『君許諾。』桓公曰：『諾。』曹子請盟，桓公下與之盟。已盟，曹子摽劍而去之。要盟可犯而桓公不欺，曹子可讎而桓公不怨。桓公之信，著乎天下，自柯之盟始焉。」「要盟可犯，而桓公不欺」者，謂曹子手劍，劫齊侯以盟，使歸汶陽之田，而齊侯終亦歸之，是「不欺」也。「曹子可讎，而桓公不怨」者，謂曹子以臣劫君，是「可讎」也，而桓公終不罪曹子，是「不怨」也。

桓盟雖内與，不日，信也。

【集解】公盟，例日。外諸侯盟，例不日。桓大信遠著，故雖公與盟，猶不日。

【補注】齊桓信著天下，不須再著期日。案春秋，桓盟之信，雖不待日顯，猶當書月也。此不月者，蓋桓公之信著天下，自柯盟始，因始信之，故特異之書時，其後則以月爲常。

【經】十有四年，春，齊人、陳人、曹人伐宋。

【經】夏，單伯會伐宋。

【傳】會事之成也。

【集解】伐事已成，單伯乃至。

【經】秋，七月，荆入蔡。

【傳】「荆」者，楚也。其曰「荆」，何也？州舉之也。

【補注】楚在荆州，以州稱之，故曰「州舉之也」。

州不如國，

【集解】言「荆」，不如言「楚」。

國不如名，

【集解】言「楚」，不如言「介葛盧」。

名不如字。

【集解】言「介葛盧」，不如言「郳儀父」。

【補注】傳所云者，皆詳夏略狄、詳貴略賤之義也。案一州，凡二百一十國，故州比國爲略。舉州，則若不成國，是狄稱之也。案昭十二年「晉伐鮮虞」，傳曰：「其曰『晉』，狄之也。」則舉國者，亦狄稱之，但比舉州爲進矣。舉州、舉國，一類也，皆指言夷狄。舉名、舉字，一類也，皆指言微國之君未爵者。至於「戎」、「狄」等，則皆爲種號，以其實是夷狄，故又賤異矣。

【經】冬，單伯會齊侯、宋公、衛侯、鄭伯于鄄。

【集解】鄄，衛地。

【傳】復同會也。

【集解】諸侯欲推桓以爲伯，故復同會于此以謀之。

【經】十有五年，春，齊侯、宋公、陳侯、衛侯、鄭伯會于鄄。

【傳】復同會也。

【集解】爲欲推桓爲伯，故復會於此。

【經】夏，夫人姜氏如齊。

【傳】婦人既嫁，不踰竟。踰竟，非禮也。

【經】秋，宋人、齊人、邾人伐郳。

【集解】宋主兵，故序齊上也。班序上下，以國大小爲次，夷狄在下。征伐，則以主兵爲先，春秋之常也。他皆放此。

【經】鄭人侵宋。

【經】冬，十月。

【經】十有六年，春王，正月。

【經】夏，宋人、齊人、衛人伐鄭。

【經】秋，荆伐鄭。

【經】冬，十有二月，會齊侯、宋公、陳侯、衛侯、鄭伯、許男、曹伯、滑伯、滕子同盟于幽。

【集解】幽，宋地。

【傳】「同」者，有同也，同尊周也。

【補注】推桓爲伯，同翼戴天子。

不言「公」，外内寮一疑之也。

【集解】十三年春，會于北杏，諸侯俱疑齊桓非受命之伯，欲共以事推之，可乎？今于此年，諸侯同共推桓，而魯與齊讎，外内同一疑公可事齊不？會不書「公」，以著疑焉。同官爲「寮」，謂諸侯也。至二十七年，同盟于幽，遂伯齊侯。

【補注】此公會也，而經直言「會」，不言「公」者，齊是魯讎，魯讎既未復，怨恐未釋，未釋而盟，故外内皆疑乎公之意。若言「公」，則例同常會，將無所以著見外内之疑也。

【經】郳子克卒。

【補注】郳儀父也。

【傳】其曰「子」，進之也。

【集解】附齊而尊周室，王命進其爵。

【經】十有七年，春，齊人執鄭詹。

【補注】鄭詹奔在齊，齊因而執之。

【傳】「人」者，衆辭也。以「人」執，與之辭也。

【集解】與令得執。

【補注】與，猶「許」，謂許之也。案桓十一年「宋人執鄭祭仲」，傳曰：「『宋人』者，宋公也。其曰『人』，何也？貶之也。」又僖四年「齊人執陳袁濤塗」，傳曰：「『齊人』者，齊侯也。其『人』之，何也？於是哆然外齊侯也，不正其踰國而執也。」此傳曰：「『人』者，衆辭也。以『人』執，與之辭也。」又昭八年傳曰：「稱『人』以執大夫，執有罪也。」是稱「人」以執有二義：一者不許其執，故以卑辭言之稱「人」，是貶之也。一者許其執，故以衆辭言之稱「人」，是執有罪也。

鄭詹，鄭之卑者。卑者，不志，此其志，何也？以其逃來，志之也。逃來，則何志焉？將有其末，不得不録其本也。

【集解】末，謂逃來。

【補注】「卑者，不志」，謂卑者略不以名氏通於春秋。鄭詹，卑者也，在不志例，此得以志之者，爲經既録其「執」，故明須志之。志，則例皆以國氏通名。經所以録其「執」者，以下「秋，鄭詹自齊逃來」，是將志詹之自齊逃來，逃來則關魯，故先録其執，備見本末爾。

鄭詹，鄭之佞人也。

【經】夏，齊人殲于遂。

【傳】「殲」者，盡也。然則何爲不言遂人盡齊人也？無遂之辭也。

【補注】案十三年「夏，六月，齊人滅遂」，是遂已滅，故曰「無遂」。

無遂，則何爲言「遂」？其猶存遂也。

【集解】以其能殺齊戍，故若遂之存。

存遂，奈何？曰：齊人滅遂，使人戍之。

【補注】戍，謂屯兵以守之。

遂之因氏，飲戍者酒，而殺之，齊人殲焉。此謂狎敵也。

【集解】狎，猶「輕」也。

【經】秋，鄭詹自齊逃來。

【傳】逃義曰「逃」。

【集解】齊稱「人」以執，是執有罪也。執得其罪，故曰「義」也。今而逃之，是逃義也。

【補注】士勇於知恥，雖行不能盡，然義之所在，皆將篤處焉，故凡有罪過，唯恥累義，無所苟免，必自引戮也。鄭詹避罪苟免，顛覆士行，故書「逃」以抑之。又傳曰：「鄭詹，鄭之佞人也。」佞人者，毁亂善行，傾敗國政，義當誅絶，未可慢治。今鄭詹以佞人，反得逃來而接内，其亦見齊、魯之有失於正也。

【經】冬，多麋。

【集解】京房易傳曰：「廢正作淫，爲火不明，則國多麋。」

【補注】麋，似鹿而大者也。劉向以爲，麋，色青，近青祥也。「麋」之爲言，「迷」也，蓋牝獸之淫者也。是時莊公將娶齊之淫女，其象先見。莊不寤，遂娶之。夫人既入，淫於二叔，終皆誅死，幾亡社稷。

【經】十有八年，春王，三月，日有食之。

【傳】不言日，不言「朔」，夜食也。何以知其夜食也？曰：王者朝日。

【集解】王制曰：「天子玄冕，而朝日於東門之外。」故日始出而有虧傷之處，是以知其夜食也。何休曰：「春秋不言月食日者，以其無形，故闕疑。其夜食何緣書乎？」鄭君釋之曰：「一日一夜，合爲一日。今朔日，日始出，其食虧傷之處未復，故知此自以夜食。夜食，則亦屬前月之晦，故穀梁子不以爲疑。」

【補注】合朔在夜，明旦日食而出，出而解，是爲夜食。「朝日」者，謂天子於春分時，帥諸侯朝拜日於國東郊。於春分者，日始長也。於東郊者，日生處也。日者，太陽之精，衆陽之主，象君道也，其神尊，故朝之。劉向以爲，夜食者，陰因日明之衰而奪其光，象周天子不明，齊桓將奪其威，專會諸侯，而行伯道。其後遂九合諸侯，天子使世子會之，此其效也。

故雖爲天子，必有尊也。貴爲諸侯，必有長也。故天子朝日，諸侯朝朔。

【補注】禮，天子頒朔於諸侯，諸侯受而藏之禰廟，每月之朔，以特羊告廟，受而施行之，遂聽治此月之政，謂之「朝朔」。朝朔，亦謂「視朔」，或謂「聽朔」，其實一也。天子朝日，諸侯朝朔，皆所以教人有尊尊之道者。

【經】夏，公追戎于濟西。

【傳】其不言戎之伐我，何也？以公之追之，不使戎邇於我也。

【集解】邇，猶「近」也。不使戎得逼近於我，故若入竟望風退走。

「于濟西」者，大之也。何大焉？爲公之追之也。

【集解】言戎遠來，至濟西，必大有徒衆，以公自追之，知其審然。

【補注】稱「濟西」者，是不限以一邑言之，而泛言以廣大之也。若僖二十六年「公追齊師至巂」，稱「巂」，是限以一邑言之。又僖二十八年「冬，公會晉侯、宋公、蔡侯、鄭伯、陳子、莒子、邾子、秦人于温」，下「天王守于河陽」，稱「河陽」，是泛言以廣大之。河陽，即温邑也。傳曰：「以『河陽』言之，大天子也。」范君曰：「温，河陽，同耳。小諸侯，故以一邑言之。尊天子，故以廣大言之。」此稱「濟西」，亦泛言以廣大之者，乃因戎兵勢甚衆，不但當一邑，故公爲之親帥師也。

【經】秋，有蜮。

【集解】蜮，短狐也，蓋含沙射人。京房易傳曰：「忠臣進善，君不識，厥咎國生蜮。」

【補注】志異也。劉向以爲，蜮生南越，越地多婦人，男女同川，淫女爲主，亂氣所在，故聖人名之曰「蜮」。「蜮」，猶「惑」也。在水旁，能射人，射人有處，甚者至死，南方謂之「短弧」。近射妖，死亡之象也。時莊公將娶齊之淫女，故蜮至。莊不寤，遂娶之。入後淫於二叔，二叔以死，兩子見弒，夫人亦誅。

【傳】一有一亡曰「有」。

【補注】亡，同「無」。「一有一亡」，言非其所常有也。凡九州四方，天時各有寒温，地氣各有剛柔，時氣之異，生物則殊。若螟、螽者，皆中國所常有，雖或爲災，亦不必特言「有」。若蜮、蜚者，非中國所常有，遽然有諸，故特言「有」焉爾。

蜮，射人者也。

【經】冬，十月。

卷六

【經】十有九年，春王，正月。

【經】夏，四月。

【經】秋，公子結媵陳人之婦于鄄，遂及齊侯、宋公盟。

【補注】送女從嫁曰「媵」。成八年范君引杜預曰：「古者，諸侯娶嫡夫人及左右媵，各有姪、娣，皆同姓之國，國三人，凡九女。」姪，兄弟之女也。娣，己之女弟也。凡九女者，人君無再娶之義，恐將一人無子，故廣其異類，所以重國繼嗣也。無再娶者，恐將棄德嗜色，故一娶而已，所以防君淫佚也。媵，皆送至嫁女之國，使與嫡夫人俱行。「陳人之婦」，衛女之嫁爲陳侯嫡夫人者也。

【傳】媵，淺事也，不志。此其志，何也？辟要盟也。

【集解】魯實使公子結要二國之盟，欲自託於大國，未審得盟與不，故以媵婦爲名，得盟則盟，不則止，此行有辭也。

【補注】時齊侯、宋公皆在衛，魯遂因陳取衛女，乃使公子結送媵於衛，欲藉其事，倖致與齊侯、宋公盟也。

何以見其辟要盟也？媵，禮之輕者也。盟，國之重也。以輕事「遂」乎國重，無說。

【集解】以輕「遂」重，無他異說，故知辟要盟耳。

【補注】辟，猶「避」。要，求，謂求盟也。求盟則見卑，且得不得未可知矣。故先言「媵」，避其不得，使將有以爲内諱爾。

其曰「陳人之婦」，略之也。

【集解】但爲「遂」事，假録「媵」事耳，故略言「陳人之婦」，不處其主名。

【補注】媵本輕事，不當志，經志之者，特爲避求盟爾。以其本不當志，故文亦略之，但言「陳人之婦」爾。

其不日，數渝，惡之也。

【補注】數，猶「速」也，亦猶「頻」也。案下「冬，齊人、宋人、陳人伐我西鄙」，二十年「冬，齊人伐我」，則此秋才盟，冬即來伐，明年冬，齊又來伐，故曰「數渝」。渝盟，不日。此既不日，又不月者，以是要盟，又數渝之，惡之甚，故亦略之甚也。

【經】夫人姜氏如莒。

【傳】婦人既嫁，不踰竟。踰竟，非正也。

【經】冬，齊人、宋人、陳人伐我西鄙。

【傳】其曰「鄙」，遠之也。

【補注】鄙，猶「野」，邊陲之辭。

其遠之，何也？不以難邇我國也。

【經】二十年，春王，二月，夫人姜氏如莒。

【集解】夫人比年如莒，過而不改，無禮尤甚，故謹而月之。

【傳】婦人既嫁，不踰竟。踰竟，非正也。

【經】夏，齊大災。

【傳】其志，以甚也。

【集解】外災，不志。甚，謂災及人也。外災，例時。

【經】秋，七月。

【經】冬，齊人伐我。

【補注】不言「鄙」，至城下也。

【經】二十有一年，春王，正月。

【經】夏，五月，辛酉，鄭伯突卒。

【補注】突不正，而日「卒」者，其不正前見矣，故不待去日。

【經】秋，七月，戊戌，夫人姜氏薨。

【補注】桓公夫人，莊公母。

【傳】婦人，弗目也。

【集解】鄭嗣曰：「弗目，謂不目言其地也。婦人無外事，居有常所，故薨不書地。僖元年傳曰：『夫人薨，不地。』此言『弗目』，蓋互辭爾。定九年『得寶玉大弓』，傳曰：

『弗目，羞也。』蓋此類也。」江熙曰：「文姜有弑公之逆，而弗目其罪。」

【經】冬，十有二月，葬鄭厲公。

【補注】厲公書「葬」者，義如日「卒」。何休云：「春秋篡明者書『葬』。」

【經】二十有二年，春王，正月，肆大眚。

【傳】肆，失也。眚，災也。

【集解】易稱「赦過宥罪」，書稱「眚災肆赦」，經稱「肆大眚」，皆放赦罪人，蕩滌衆故，有時而用之，非經國之常制。

災，紀也。失，故也。

【集解】災，謂罪惡。紀，治理也。有罪，當治理之，今失之者，以文姜之故。

【補注】失，古「佚」字，同「逸」。災，猶「罪」。「肆大眚」者，謂逸囚，赦有罪也。

爲嫌天子之「葬」也。

【集解】文姜，罪應誅絶。誅絶之罪，不「葬」。若不赦除衆惡而書「葬」者，嫌天子許之，明須赦而後得「葬」。

【補注】葬，謂文姜於下「癸丑，葬我小君文姜」書「葬」。文姜以殺夫之罪，於王法當誅絶，不合書「葬」，故先須赦國中大罪，令文姜之罪，亦因是得除，然後乃可以書「葬」。若不先言赦，而即「葬」之，則嫌王法許之，過在天子，故先須言赦也。案周禮，司刺掌三宥、三赦之法。一宥，曰不識。再宥，曰過失。三宥，曰遺忘。一赦，曰幼弱。再赦，曰老耄。三赦，曰蠢愚。不聞宥赦大罪也。大罪之赦，則廢天討而虧國典，幸奸惡而虐良善，非所以爲治之道也。

【經】癸丑，葬我小君文姜。

【補注】文，謚也。

【傳】小君，非君也。其曰「君」，何也？以其爲公配，可以言「小君」也。

【集解】不治其民。

【經】陳人殺其公子禦寇。

【集解】禦寇，宣公之子。

【傳】言「公子」，而不言「大夫」，公子未命爲大夫也。其曰「公子」，何也？公子

之重，視大夫。

【集解】視，比〔一〕。

【補注】公子，親也。大夫，尊也。公子之親，非他氏族可比，故雖未及命，若殺則亦志，見以親親之義，重視如大夫然也。

命，以執公子。

【集解】大夫既命，得執公子之禮。一本「大夫命，以視公子」。

【補注】太常先生曰：「『公子』云云，命以執公子，蓋曰公未命爲大夫，而命之稱『公子』，假大夫禮也。此論公子，非論大夫。且公子之禮擬於大夫，不得大夫又擬於公子之禮。」

【經】夏，五月。

【集解】以五月首時，甯所未詳。

【補注】案春秋，四時無事，則書首月。春正月，夏四月，秋八月，冬十月，皆四時之首月也。今夏無事，當書「四月」，而經書「五月」者，或史之誤，或有脱文，故經亦仍之也。

〔一〕「比」，原誤作「此」，據鍾本改。案小爾雅「視」訓「比」。

【經】秋，七月，丙申，及齊高傒盟于防。

【傳】不言「公」，高傒伉也。

【集解】書日，則公盟也。高傒驕伉，與公敵體，恥之，故不書「公」。

【補注】高傒，臣也。以臣而專與公盟，則是伉君無禮，故不言「公」，所以爲内諱也。

【經】冬，公如齊納幣。

【補注】通而言之，凡玉、馬、皮、圭、璧、帛，皆稱「幣」。專而言之，則帛也。此即專謂玄纁束帛，是婚所須聘財者。禮，男女非受幣，不交不親。其曰「納幣」，見女家許納聘財，亦傳下所謂「納徵」也。案納幣之禮，庶人，緇帛五兩。卿大夫，玄三纁二，加以儷皮。諸侯，加以大璋。天子，加以穀圭。

【傳】納幣，大夫之事也。

【補注】言當使大夫。

禮，有納采，

【集解】采擇女之德性也。其禮用雁爲贄者，取順陰陽往來。

【補注】納采言「納」者，以其始相采擇，恐女家不許納，期其許納，故以「納」言之也。

有問名，

【集解】問女名而卜之，知吉凶也，其禮如納采。

【補注】禮，男女非有行媒，不相知名。必先須媒氏，往來傳婚姻之意，乃相知名，故有問名也。問名不言「納」者，女家已許納采，可以問名，不待言「納」。

有納徵，

【集解】徵，成也。納幣以成婚。

【補注】納徵復言「納」者，若納幣，則婚禮成，於此恐女家翻悔不受納，故更以「納」言之也。

有告期。

【集解】告迎期。

【補注】二十八年傳曰：「告，請也。」告期，亦請期也。

四者備，而後娶，禮也。

【補注】娶，謂親迎。案婚義，婚禮有六，曰「納采」，曰「問名」，曰「納吉」，曰「納徵」，曰「請期」，曰「親迎」。「納吉」者，謂既問名，男家歸卜於廟，卜若得吉，乃復使使者往告女家，婚姻之事，於是定。不吉，則否。傳此不云「納吉」者，蓋舉將娶而言之，將娶，則已見吉，故從略之也。納吉言「納」者，男家卜吉，將往與女氏，又恐女家翻悔不受納，故再以「納」言之也。其請期、親迎不言「納」者，納幣，則婚禮已成，女家不得擅改，故皆不待言「納」也。

公之親納幣，非禮也，故譏之。

【集解】公母喪，未再期，而圖婚，傳無譏文，但譏親納幣者，喪婚，不待貶絶，而罪惡見。

【補注】成八年范君曰：「納幣不書。」此書者，禮，婚必由媒，交接設紹介，所以養廉恥也。故婚自親迎以前，皆使使者往。今公親納幣，非禮，故書以譏之也。

【經】二十有三年，春，公至自齊。

【經】祭叔來聘。

【集解】祭叔，天子寰内諸侯。叔，名。

【補注】祭叔，天子之下大夫，未滿五十，故稱名。

【傳】其不言「使」，何也？天子之内臣也。不正其外交，故不與「使」也。

【集解】何休曰：「南季、宰渠伯糾、家父、宰周公來聘，皆稱『使』，獨于此奪之，何也？」鄭君釋之曰：「諸稱『使』者，是奉王命，其人無自來之意。今祭叔不一心於王，而欲外交，不得王命來，故去『使』以見之。」

【補注】聘當言「使」，此不言「使」者，非因王命，故去「使」文，獨「祭叔」而言其「來」，見是私行也。案二十八年「臧孫辰告糴于齊」，傳曰：「舉『臧孫辰』，以爲私行也。」范君曰：「爲内諱，故不稱使，使若私行。」此言「祭叔來聘」，亦與之類。

【經】夏，公如齊觀社。

【補注】祭社曰「社」。「社」者，土地之主，生物居民，德厚功大，故祭之。

【傳】常事曰「視」，

【集解】「視朔」是也。

非常曰「觀」。「觀」，無事之辭也。

【集解】言無朝會之事。

以是爲尸女也。

【集解】尸，主也。主爲女往爾，以「觀社」爲辭。

【補注】爲哀姜也。哀姜者，齊侯之女，莊公夫人也。初，哀姜未入時，公數如齊，與哀姜淫。此如齊，又然也。將諱其淫事，故避之，以「觀社」爲辭爾。禮，諸侯不相會祀。如齊觀社，亦非禮矣。

無事不出竟。

【經】公至自齊。

【傳】公如，

【集解】陳公行例。

往時，正也。

【集解】正，謂無危懼也。皆放此。

致月，故也。如，往月、致月，有懼焉爾。

【補注】以公之有危，故爲懼焉爾。往月、致月例，詳定八年。

【經】荆人來聘。

【傳】善累，而後進之。其曰「人」，何也？舉道不待再。

【集解】明聘問之禮，朝宗之道，非夷狄之所能，故一舉而進之。

【補注】夷狄輕義，反復無常，故春秋之於夷狄，不一而足，必待其善有所積累，然後乃得進之稱「人」，若僖十八年夏「狄救齊」，傳曰：「善救齊也。」雖善之，未遽稱「狄人」，至冬「邢人、狄人伐衛」，傳曰：「狄其稱『人』，何也？善累而後進之。伐衛，所以救齊也，功近而德遠矣。」是狄再救齊，故春秋進之，乃得稱「狄人」也。此荆未待積善，而遽稱「荆人」者，莊二十六年范君引徐邈曰：「楚雖荆蠻，漸自通於諸夏，故莊二十三年書『荆人來聘』。」則其來聘，是通禮義於中國。禮義，公道也，重於私善，故一舉而進之。

【經】公及齊侯遇于穀。

【傳】「及」者，内爲志焉爾。「遇」者，志相得也。

【經】蕭叔朝公。

【補注】叔，名也。

【傳】微國之君，未爵命者。

【補注】蕭，宋之屬國也。

其不言「來」，於外也。

【集解】言於穀朝公也。

【補注】案穀是齊地，不在魯。此雖與公爲禮，但以不在魯，亦不得言「來」也。

朝於廟，正也。於外，非正也。

【補注】禮，朝聘必受於太廟，所以共榮於先君，不敢專當也。經言「朝公」，則見公一人專當，是不能尊先君而共其榮也。杜預云：「凡在外朝，則禮不得具。嘉禮不野合。」

【經】秋，丹桓宫楹。

【集解】楹，柱。

【傳】禮，天子、諸侯黝堊，

【集解】黝堊，黑色。

大夫倉，士黈。

【集解】黈，黄色。

丹楹，非禮也。

【補注】倉，即「蒼」，青色也。丹，赤色也。丹楹，禮所無者，故曰「非禮」。

【經】冬，十有一月，曹伯射姑卒。

【經】十有二月，甲寅，公會齊侯盟于扈。

【集解】桓盟，不日。此盟日者，前「公如齊觀社」，傳曰「『觀』，無事之辭。以是爲尸女也」，公怠棄國政，比行犯禮，憂危甚矣。霸主降心，親與之盟，實有弘濟之功，而魯得免於罪。臣子所慶，莫重於此，時事所重，文亦宜詳，故特謹日以著之。

【補注】扈，蓋齊地。

【經】二十有四年，春王，三月，刻桓宮桷。

【傳】禮，天子之桷，斲之礱之，加密石焉。

【集解】以細石磨之。

【補注】桷，謂屋椽。方曰「桷」，圓曰「椽」。斲，削。礱，磨也。

諸侯之桷，斲之礱之，大夫斲之，士斲本。

【補注】凡木下曰「本」。斲本，謂斲木本與木首，使粗細相等。

刻桷，非正也。夫人，所以崇宗廟也。

【補注】夫人，所以與君共事宗廟者也。

取非禮與非正，而加之於宗廟，以飾夫人，非正也。

【集解】非禮，謂娶讎女。非正，謂刻桷、丹楹也。本非宗廟之宜，故曰「加」。言將親迎，欲爲夫人飾，又非正也。

【補注】禮者，人之所履。義者，事之所宜。人失所履，謂之「非禮」。事失所宜，謂之「非正」。春秋撥亂道，履而審所宜，宜而量所履，禮以義決，義以禮判，其相爲表裏，互見文質爾。

刻桓宫桷，丹桓宫楹，斥言「桓宫」，以惡莊也。

【集解】不言「新宫」，而謂之「桓宫」，以桓見殺於齊，而飾其宗廟，以榮讎國之女，惡莊不子。

【補注】莊公娶齊，而夫人至，當見於廟，故丹楹刻桷，將欲夸飾哀姜。桓宫，桓公宫，是禰宫也。禰宫近，孝子之情，不忍遽以謚稱，因宜言「新宫」。「新」者，神主新入廟也。案僖二十年「五月，己巳，西宫災」，傳曰：「謂之『新宫』，則近爲禰宫。以謚言之，則如疏之然。」今不言「新宫」，而謂之「桓宫」者，亦疏之然。此惡莊公既娶仇讎，又夸飾其女，絶無孝子之情，故用疏稱直見之也。

【經】葬曹莊公。

【經】夏，公如齊逆女。

【傳】親迎，恒事也，不志。此其志，何也？不正其親迎於齊也。

【補注】公娶仇讎，義所弗受，故特志之也。

【經】秋，公至自齊。

【傳】「迎」者，行見諸，舍見諸。

【集解】諸，之也。言瞻望夫人乘車。

先至，非正也。

【補注】獨言「公」，則見夫人未至。詩云：「有女同行。」凡親迎，道途則乘車相繼，止宿則舍館相鄰，其必與新婦偕，無先至之理也。然不同車同館者，乃所以防淫佚。

【經】八月，丁丑，夫人姜氏入。

【集解】哀姜。

【傳】「入」者，内弗受也。曰「入」，惡入者也。何用不受也？以宗廟弗受也。其以宗廟弗受，何也？娶仇人子、弟，以薦舍於前，其義不可受也。

【集解】薦，進。舍，置。

【經】戊寅，大夫、宗婦覿，用幣。

【集解】宗婦，同宗大夫之婦。

【傳】覿，見也。

【補注】見夫人也。「覿」者，下見上之辭。

禮，大夫不見夫人。

【補注】小君至，宗婦覿，大夫不覿。

不言「及」，

【補注】謂不言「大夫及其宗婦」。

不正其行婦道，故列數之也。

【補注】春秋之義，書尊及卑也。言「及」，則有以辨尊卑之序。今以大夫而行婦道，則與婦人同，故泯其尊卑，並列而稱，不復言「及」，見譏之也。

男子之贄，羔、雁、雉、腒。

【集解】贄，所以至者也。上大夫用羔，取其從羣，帥而不黨也。下大夫用雁，取其知時，飛翔有行列也。士冬用雉，夏用腒，取其耿介，交有時，别有倫也。腒，腊也。雉必用死，爲其不可生服也。夏用腒，備腐臭也。

婦人之贄，棗、栗、鍛脩。

【集解】棗，取其早自矜莊。栗，取其敬栗。鍛脩，取斷斷自脩整。

用幣，非禮也。「用」者，不宜用者也。

【補注】鍛，脯也。鍛而加薑桂曰「脩」。「用幣」者，謂執見用帛。案君子有專制御衆之任，交接辭讓之禮，是執見用羔、雁、雉、腒，所以彰物而别貴賤，示不敢廢此德，其無用帛之義也。若婦人無外事，惟在供養饋食之間，是執見用棗、栗、鍛脩，所以告敬，示不敢廢此職，故不同羔、雁等物，更無用帛之義也。

大夫，國體也，

【集解】國體，謂爲君股肱。

而行婦道，惡之，故謹而日之也。

【補注】惡莊公欲奢夸夫人，而使大夫、宗婦同贄同見。

【經】大水。

【經】冬，戎侵曹，曹羈出奔陳。

【經】赤歸于曹，郭公。

【傳】赤，蓋郭公也。何爲名也？禮，諸侯無外歸之義。外歸，非正也。

【集解】徐乾曰：「郭公，郭國之君也，名赤。蓋不能治其國，舍而歸于曹。君爲社稷之主，承宗廟之重，不能安之，而外歸他國，故但書名，以罪而懲之。不直言『赤』，復云『郭公』者，恐不知『赤』者是誰，將若魯之微者故也。以『郭公』著上者，則是諸侯失國之例，是無以見微之義。」

【補注】「郭公」稱「公」，猶「州公」也。僖二十八年傳曰：「歸者，歸其所也。」凡言「歸」，則見有安於所。郭，任姓。曹，姬姓。曹，非郭公所也。既非其所，猶以歸之，是偷安也。君子無苟免，無偷安。今郭君偷安，行賤如盜，遂先名「赤」，後復稱「公」，不使從失國常例，特爲罪懲之爾。案桓四年「州公」、僖五年「虞公」，又不稱名者，亦特爲罪懲之，故皆不使從失國常例，此文異而義同也。

【經】二十有五年，春，陳侯使女叔來聘。

【集解】女，氏。叔，字。

【傳】其不名，何也？

【集解】據成三年「晉侯使荀庚來聘」稱名。天子之命大夫也。

【經】夏，五月，癸丑，衛侯朔卒。

【集解】惠公也，犯逆失德，故不書「葬」。

【經】六月，辛未，朔，日有食之。

【補注】陰陽之氣，運行於天，一消一息，周而復始。十一月，建子，爲陽始。五月，建午，爲陰始。從建子之後，每月一陽息，一陰消。至四月，建巳，六陰消盡，六陽並盛，是正陽之月。周之六月，夏之四月，建巳，正陽之月也。禮，正陽之月食，天子不舉盛饌，伐鼓於社，所以責群陰。諸侯用幣於社，所以請群陰，使勿侵陽，伐鼓於朝，所以退自責。

【傳】言日言「朔」，食正朔也。

【經】鼓，用牲于社。

【補注】此接上經「日有食之」。

【傳】鼓，禮也。

【補注】正陽之月，其當純陽用事，不宜爲弱陰所侵，故禮得伐鼓用幣，餘月則否。

用牲，非禮也。

【補注】日食有幣無牲，故非禮。大水亦然。

天子救日，置五麾，陳五兵、五鼓。

【集解】麾，旌幡也。五兵，矛、戟、鉞、楯、弓矢。

【補注】「五麾」者，糜信云：「各以方色之旌置之五處也。」「五兵」者，徐邈云：「矛在東，戟在南，鉞在西，楯在北，弓矢在中央。」「五鼓」者，糜信、徐邈並云：「東方青鼓，南方赤鼓，西方白鼓，北方黑鼓，中央黄鼓。」

諸侯置三麾，陳三鼓、三兵。

【補注】諸侯降殺以兩，去黑、黄二色。

大夫擊門，士擊柝。言充其陽也。

【集解】凡有聲，皆陽事，以壓陰氣。柝，兩木相擊。充，實也。

【經】伯姬歸于杞。

【傳】其不言「逆」，何也？

【補注】案隱二年「紀履緰來逆女」言「逆」。此則直言「歸」，不言「逆」，傳遂執以設問。

逆之道微，無足道焉爾。

【補注】成九年范君曰：「逆者非卿，故不書。」夫婚姻者，將合二姓之好，以繼萬世之後，故自天子至於庶人，禮必皆親逆。若君逢有大故，不得親逆，亦當重之使卿，則雖稍微婚義，猶可以當變之正，於是春秋但以其不親逆，而不言「使」，然可以當變之正，而直言某來逆。若使者非卿，則最微婚義，非可以當變之正，於是春秋更略不言某來逆。案隱二年「九月，紀履緰來逆女」，言「逆」者，以非卑者，可以當變之正，因言之也。

【經】秋，大水。鼓，用牲于社、于門。

【集解】門，國門也。

【傳】高下有水災，曰「大水」。既戒鼓而駭衆，用牲可以已矣。

【補注】傳曰「既」者，禮適備也。「可以已」者，嫌其媚也。天，非可媚者也，而媚之，是將以利制天也。春秋之義，有天以禮制人者，無人以利制天者，故救災必以禮。

救日以鼓兵，

【補注】伐鼓以責陰，陳兵示禦侮。

救水以鼓衆。

【補注】擊鼓聚衆，所以發陽。

【經】冬，公子友如陳。

【經】二十有六年，春，公伐戎。

【經】夏，公至自伐戎。

【經】曹殺其大夫。

【補注】殺曹羈也。僖七年傳曰：「稱國以殺大夫，殺無罪也。」

【傳】言「大夫」，而不稱名姓，無命大夫也。無命大夫，而曰「大夫」，賢也。爲曹羈崇也。

【集解】徐邈曰：「于時微國衰陵，不能及禮，其大夫降班失位，下同於士，故略稱『人』，而傳謂之『無命大夫也』」。『莒慶』、『莒挐』、『邾庶其』、『邾快』，皆特以事書，非實能貴，故略名而已。楚雖荆蠻，漸自通於諸夏，故莊二十三年書『荆人來聘』，文九年又褎而書名。國轉彊大，書之益詳。然當僖公、文公之世，楚猶未能自同于列國，故『得臣』及『萩』並略名。惟『屈完』來會諸侯，以殊禮成之。楚莊王之興，爲江、漢盟主，與諸夏之君權行抗禮，其勢彊于當年，而事交於内外，故春秋書之，遂從中國之例。夫政俗隆替，存乎其人。三后之姓，日失其序。而諸國乘間，與之代興。因詳略之文，則可以見時事之實矣。秦爵，伯也。上據西周，班列中夏，故得稱『師』，有大夫。其大夫當名氏，而文十二年秦術略名，蓋于時晉主魯盟，而秦方敵晉，則魯之于秦，情好疏矣。禮以飾情，情疏則禮略，春秋所以略文乎。又吴札不書氏，以成尊于上也。宋之盟，叔孫豹不書氏，以著其能恭。此皆因事而爲義。」

【補注】范君答薄氏曰：「羈，曹之賢大夫也。曹伯不用其言，乃使出奔他國，終於受戮，故君子愍之，書『殺其大夫』，即是崇賢抑不肖之義也。」

【經】秋，公會宋人、齊人伐徐。

【經】冬，十有二月，癸亥，朔，日有食之。

【經】二十有七年，春，公會杞伯姬于洮。

【集解】伯姬，莊公女。洮，魯地。

【經】夏，六月，公會齊侯、宋公、陳侯、鄭伯同盟于幽。

【傳】「同」者，有同也，同尊周也。於是而後授之諸侯也。

【補注】案十三年會於北杏，是諸侯權時將推齊桓，使行伯事，未得賜命，其或疑焉。十六年同盟於幽，仍未賜命，且魯與齊讎，故猶或疑焉。至此再盟，諸侯同心，共推齊桓，天子因之，賜命爲伯。於是齊桓乃信得以率諸侯之盟，而威得以專征伐之任也。

其授之諸侯，何也？齊侯得衆也。

【補注】桓之信著，上得天子，下得諸侯。

桓會不致，安之也。桓盟不日，信之也。信其信，仁其仁。衣裳之會十有一，未嘗有歃血之盟也，信厚也。

【集解】十三年會北杏，十四年會鄄，十五年又會鄄，十六年會幽，二十七年又會幽，僖元年會檉，二年會貫，三年會陽穀，五年會首戴，七年會寧母，九年會葵丘。

【補注】諸侯於盟時殺牲，以指蘸牲血塗口旁，謂之「歃血」。

兵車之會四，未嘗有大戰也，愛民也。

【集解】僖八年會洮，十三年會鹹，十五年會牡丘，十六年會淮。於末年乃言之，不道侵蔡伐楚者，方書其盛，不道兵車也。此則以兵車會，而不用征伐。

【經】秋，公子友如陳，葬原仲。

【集解】原仲，陳大夫。原，氏。仲，字。

【傳】言「葬」，不言「卒」，不葬者也。

【集解】外大夫，例不書「卒」。

不葬，而曰「葬」，諱出奔也。

【集解】言季友辟内難而出，以「葬原仲」爲辭。

【補注】公羊云：「公子慶父、公子牙通乎夫人以脅公。季子起而治之，則不得與於國政。坐而視之，則親親因不忍見也。故於是復請至於陳而葬原仲也。」此實出奔，而曰「如」者，賢季子，故從其請命於公言之，爲其出奔諱也。

【經】冬，杞伯姬來。

【集解】歸寧。

【補注】歸寧曰「來」。

【經】莒慶來逆叔姬。

【集解】慶，名也，莒大夫也。叔姬，莊公女。禮檀弓記曰：「陳莊子死，赴於魯。魯人欲勿哭，繆公召縣子而問焉。縣子曰：『古之大夫，束脩之問不出竟，雖欲哭之，安得而哭之？今之大夫，交政於中國，雖欲勿哭，安得而勿哭？』」則大夫越竟逆女，非禮也。董仲舒曰：「大夫無束脩之餽，無諸侯之交，越竟逆女，紀罪之。」

【補注】婚禮重親迎，然古之大夫無私出境之事，故亦無外娶之義。及春秋之世，大夫交政於中國，故或外娶，遂有越境逆女，時勢異然也。僖元年傳曰：「莒無大夫。」范君曰：「據非大夫，不書。」則此莒慶亦在不當書例。而此書者，以其親逆接公，故特書之也。其「莒無大夫」者，上二十六年范君引徐邈說詳矣。

【傳】諸侯之嫁子於大夫，主大夫以與之。

【集解】君不敵臣。

「來」者，接内也。不正其接内，故不與夫婦之稱也。

【集解】接内，謂與君爲禮也。夫婦之稱，當言「逆女」。

【經】杞伯來朝。

【集解】杞稱「伯」，蓋時王所絀。

【經】公會齊侯于城濮。

【集解】城濮，衞地。

【經】二十有八年，春王，三月，甲寅，齊人伐衞，衞人及齊人戰，衞人敗績。

【補注】僖十八年傳曰：「戰不言『伐』。」謂「戰」重於「伐」也。經既舉其重，則不復舉其輕。言「戰」言「伐」，則若言「伐」言「取」、言「伐」言「圍」之類，爲盡其文，是所惡也。

【傳】於伐與戰，安戰也？

【集解】問在何處戰。

戰衞。

【補注】戰在衞都也。戰宜書地，若僖十五年「十有一月，壬戌，晉侯及秦伯戰于韓」。此不地者，戰在衞都，迫近，故不地也。案桓十三年「春，二月，公會紀侯、鄭伯。己巳，及齊侯、宋公、衞侯、燕人戰，齊師、宋師、衞師、燕師敗績」，亦不書地，傳曰：「其不地，於紀也。」范君引鄭玄曰：「『紀』，當爲『己』，謂在魯也，字之誤耳。得在龍門，城下之戰，迫近，故不地。」與此類。

戰，則是師也，其曰「人」，何也？

【補注】案春秋，凡言「戰」者，皆以有師之衆，然後可以重之言「戰」也。稱「人」，則非師之辭，無得重之言「戰」。此既言「戰」，而反稱「人」，傳遂執以設問。

微之也。何爲微之也？今授之諸侯，而後有侵伐之事，故微之也。其「人」衛，何也？以其「人」齊，不可不「人」衛也。

【集解】齊桓始受方伯之任，未能信著鄰國，致有侵伐之事，貶「師」稱「人」，以微之也。「人」不可以敵于「師」，「師」不可以與「人」戰，故亦以衛「師」爲「人」，衛非有罪。

【補注】案桓十三年春「己巳，及齊侯、宋公、衛侯、燕人戰」，言「戰」而稱「燕人」者，以有齊侯、宋公、衛侯帥師，故得以三國之師重而言「戰」也。又文七年「戊子，晉人及秦人戰于令狐」，十二年「冬，十有二月，戊午，晉人、秦人戰于河曲」，亦皆言「戰」稱「人」者，蓋與此「衛人及齊人戰」同。

衛小齊大，其以衛及之，何也？以其微之，可以言「及」也。

【補注】僖十八年傳曰：「客不言『及』。」范君引鄭玄曰：「『及』者，别異客主耳。」則戰言「及」者，以主及客，是常例也，若此「衛人及齊人戰」，戰在衛，則衛主齊客也。又桓二年范君引邵曰：「尊卑言『及』，上下序也。」春秋之義，兩不相敵者，以尊及卑，以大及小，故兩戰不相敵，則變其主客，若文二年「晉侯及秦師戰于彭衙，秦師敗績」、文七年「戊子，晉人及秦人戰于令狐」，案彭衙、令狐皆是秦地，秦主晉客，而皆以晉及秦者，以春秋自僖三十三年殽之戰始狄秦，則秦狄晉夏。春秋之義，内諸夏而外夷狄，非可相敵，故變其主客，以晉及秦也。總而言之，春秋戰言「及」者，皆所以别異主客也，所不同者，或以相敵從其常例，或以不敵從其變例耳。今戰雖在衛，然齊爲伯主，宜尊大之，固當從不敵之變例，以齊及衛，而反從相敵之常例，以衛及齊者，由既皆稱「人」，則是相敵，故得從之也。

其稱「人」以敗，何也？

【補注】桓十二年傳曰：「敗稱『師』，重衆也。」此則敗稱「人」，傳因復執以設問。

不以「師」敗於「人」也。

【集解】「人」輕而「師」重。

【經】夏，四月，丁未，邾子瑣卒。

【經】秋，荆伐鄭。

【傳】「荆」者，楚也。其曰「荆」，州舉之也。

【補注】以其伐中國，故反其狄稱也。

【經】公會齊人、宋人救鄭。

【傳】善救鄭也。

【經】冬，築微。

【集解】微，魯邑。

【傳】山林藪澤之利，所以與民共也。虞之，非正也。

【集解】虞，典禽獸之官。言規固而築之，又置官司以守之，是不與民共同〔一〕利也。築，不志。凡志，皆譏也。築，例時。

【補注】案周禮，國固有山虞、澤虞、林衡、川衡之官。凡立此二虞二衡者，皆勸民以時入，防其所濫取，是養物均材之道也。今則築禁設守，不令民得出入，是君專利，非養物均材之道也。

【經】大無麥、禾。

〔一〕「同」，原作「何」，形近而誤，據鍾本改。

【補注】劉向以爲，水、旱當書。不書「水」、「旱」，而曰「大亡麥、禾」者，土氣不養、稼穡不成者也。

【傳】「大」者，有顧之辭也。

【補注】顧，猶「待」也。徐邈云：「至冬無禾，於是顧録無麥。」

【集解】一災不書。於冬無禾，而後顧録無麥，故言「大」，明不收甚。於無禾及無麥也。

【經】臧孫辰告糴于齊。

【集解】臧孫辰，魯大夫臧文仲。

【傳】國無三年之畜，曰國非其國也。

【補注】畜，讀如「蓄」，積也。

一年不升，

【補注】升，猶「登」，謂穀成熟也。

告糴諸侯。告，請也。糴，糴也。

【補注】賈穀曰「糴」。

不正，故舉「臧孫辰」，以爲私行也。

【集解】爲内諱，故不稱使，使若私行。

【補注】春秋外奉使言「使」，内奉使自帥師、會盟外，皆以言「如」爲例，此内外異辭也。「臧孫辰告糴于齊」，不言「如」，即内不奉使之意。臣不奉君使命，則是私行也。

國無九年之畜，曰「不足」。無六年之畜，曰「急」。無三年之畜，曰「國非其國」也。諸侯無粟，諸侯相歸粟，正也。「臧孫辰告糴于齊」，告，然後與之，言内之無外交也。

【補注】案周禮大司徒職，凡大凶荒、大疫病，乃令邦國移民通財，舍禁弛力，薄征緩刑，其有守不可移者，則輸之穀；又小行人職，若國凶荒，則令以財貨賙委之。是諸侯相歸粟，正得荒札賙委之遺意，不聞有告糴之禮也。

古者，稅什一，

【集解】宣十五年注詳矣。

【補注】「什一」者，井田之法，謂十而稅一也。

豐年補敗，

【集解】𣪏，謂凶年。一年不艾，而百姓饑，君子非不外求，而上下皆足也。雖累凶年，民弗病也。

之。不言「如」，爲内諱也。

【補注】艾，穫也。一年不穫，而百姓饑，是内無蓄備。諸侯待告，然後與之，是外無交好。恥之，由將爲公諱，故不以内奉「使」之辭言「臧孫辰如齊告糴」，而以「臧孫辰告糴于齊」言之，使若臧孫辰之私行也。

【經】二十有九年，春，新延廄。

【補注】廄，馬舍也。

【傳】「延廄」者，法廄也。

【集解】周禮，天子十二閑，馬六種。邦國六閑，馬四種。每廄一閑。言「法廄」者，六閑之舊制也。

【補注】案周禮，校人辨六馬之屬。種馬一物，戎馬一物，齊馬一物，道馬一物，田馬一物，駑馬一物。鄭云：「玉路駕種馬，戎路駕戎馬，金路駕齊馬，象路駕道馬，田路駕田馬，駑馬給宫中之役。」是天子六種之馬，分爲左右廄，計十二閑。又周禮，邦國六閑，馬四種。鄭云：「諸侯齊馬、道馬、田馬各一閑，駑馬則分爲三。」是邦國六閑，馬四種也。

其言「新」，有故也。

【集解】言改故而新之。

有故，則何爲書也？古之君人者，必時視民之所勤。

【補注】勤，謂憂勞。

民勤於力，則功築罕。

【集解】罕，希。

民勤於財，則貢賦少。民勤於食，則百事廢矣。

【集解】凶荒，殺禮。

【補注】皆所以與民生息也。

「冬，築微」，「春，新延廄」，以其用民力爲已悉矣。

【集解】悉，盡。

【經】夏，鄭人侵許。

【經】秋，有蜚〔一〕。

【集解】穀梁説曰：「蜚者，南方臭惡之氣所生也。象君臣淫泆，有臭惡之行。」

【補注】劉向以爲，蜚色青，近青眚也。非中國所有。南越盛暑，男女同川澤，淫風所生，爲蟲臭惡。是時莊公娶齊淫女爲夫人，既入，淫於兩叔，故蜚至。莊不寤，其後夫人與兩叔作亂，二嗣以殺，卒皆被辜。

【傳】一有一亡曰「有」。

【經】冬，十有二月，紀叔姬卒。

【集解】紀國雖滅，叔姬執節守義，故繫之「紀」，賢而録之。

【補注】案春秋，内女之嫁於大夫者，不書「卒」，媵亦如之。此「叔姬」者，伯姬之媵，例不當「卒」，而「卒」之者，以其賢，故特録之。不日，以失國也。

【經】城諸及防。

【集解】諸、防，皆魯邑。

〔一〕「蜚」，原誤作「蜚」。案注及鍾本皆作「蜚」，據改。

【傳】可城也。以大及小也。

【集解】傳例曰，凡城之志，皆譏。今云「可」者，謂冬可用城，不妨農役耳，不謂作城無譏。

【補注】都邑者，人之所聚。國家之藩衛，百姓之保障，不固則敗，不脩則壞，故雖不臨寇，亦乘農隙備其守禦，無妨民務。在時則夏之九月，周之十一月，龍星角、亢，晨見東方，春、夏、秋三務始畢，民將閑暇，然後乃戒之土功事。冬至之後，當更脩來年農事，又不得復興土功。是必將以德爲先者也。春秋之世，天下交亂，自天子至於諸侯，罔能據德，故傳曰「可」者，唯可其時，不可其德也。「以大及小」者，謂諸邑大而防邑小，故以諸及防也。

【經】三十年，春王，正月。

【經】夏，師次于成。

【傳】次，止也，有畏也。欲救鄣而不能也。不言「公」，恥不能救鄣也。

【集解】畏齊。

【經】秋，七月，齊人降鄣。

【傳】降，猶「下」也。鄣，紀之遺邑也。

【經】八月，癸亥，葬紀叔姬。

【傳】不日「卒」而日「葬」，閔紀之亡也。

【經】九月，庚午，朔，日有食之。鼓，用牲于社。

【集解】救日用牲，既失之矣，非正陽之月，而又伐鼓，亦非禮。

【經】冬，公及齊侯遇于魯濟。

【集解】濟，水名。

【傳】「及」者，内爲志焉爾。「遇」者，志相得也。

【經】齊人伐山戎。

【補注】戎狄種類極多，「山戎」，即其一種。案襄二十九年「齊高止出奔北燕」，傳曰：「其曰『北燕』，從史文也。」此「山戎」，並後諸戎狄名别言之者，蓋亦如「北燕」，皆從史文之例也。

【傳】「齊人」者，齊侯也。其曰「人」，何也？愛齊侯乎山戎也。

【集解】不以齊侯敵乎山戎，故稱「人」。

【補注】内齊桓而愛之，故不欲以齊桓之尊獨敵山戎，特變之稱「人」。稱「人」則不獨若微，於是可敵也。

其愛之，何也？桓内無因國，外無從諸侯，而越千里之險，北伐山戎，危之也。

【集解】内無因緣山戎左右之國爲内間者。外無諸侯者，不煩役寮國。

則非之乎？善之也。

【集解】遠伐山戎雖危，勤王職貢則善。

何善乎爾？燕，周之分子也。

【集解】燕，周大保召康公之後，成王所封。分子，謂周之别子孫也。

【補注】此燕，即襄二十九年北燕也。周之同姓國。

貢職不至，山戎爲之伐矣。

【集解】言由山戎爲害，伐擊燕，使之隔絶於周室。

【經】三十有一年，春，築臺于郎。

【經】夏，四月，薛伯卒。

【補注】案隱十一年薛稱「侯」，此稱「伯」者，蓋亦時王所絀。不稱名者，例同隱八年「宿男卒」。

【經】築臺于薛。

【集解】薛，魯地。

【經】六月，齊侯來獻戎捷。

【集解】「獻」，下奉上之辭也。春秋尊魯，故曰「獻」。

【補注】案僖二十一年冬「楚人使宜申來獻捷」，不月。此月者，徐邈云：「霸主服遠之功重，故詳而月之也。」

【傳】齊侯來獻捷者，内齊侯也。

【補注】「來」者，接内之辭，故曰「内」。案齊侯實未來魯，乃使人來也。使人，則不當言「齊侯來」。不當言而言者，以魯親倚齊桓，不以齊爲異國，而視之若己，既視之若己，則齊侯便已在魯，故成之曰「齊侯來」也。

不言「使」，内與同，不言「使」也。

【集解】泰曰：「齊桓内救中國，外攘夷狄，親倚之情不以齊爲異國，故不稱『使』，若同一國也。」

「獻戎捷」，軍得曰「捷」。戎菽也。

【集解】菽，豆。

【補注】産於山戎，故曰「戎菽」。

【經】秋，築臺于秦。

【集解】秦，魯地。

【傳】不正罷民三時，

【補注】罷，猶「疲」，勞也。「罷民三時」者，上「春，築臺于郎」，夏「築臺于薛」，並此「秋，築臺于秦」是也。凡國家爲役之法，非有若臨寇之急，其治宫室、城郭、道渠，必因春耕、夏耘、秋收三時之事畢，然後乃爲之，無妨奪農務也。案周禮：「凡均力政，以歲上下。豐年則公旬用三日焉，中年則公旬用二日焉，無年則公旬用一日焉。」又王制：「用民之力，歲不過三日。」皆重民之力，而不妨奪農務也。

虞山林藪澤之利。

【補注】虞，主山澤之官也。謂設官以取利。

且財盡則怨，力盡則懟。

【集解】懟，恚恨也。

君子危之，故謹而志之也。或曰，倚諸桓也。桓外無諸侯之變，内無國事，越千里之險，北伐山戎，爲燕辟地。

【集解】辟，開。

魯外無諸侯之變，内無國事，一年罷民三時，虞山林藪澤之利，惡内也。

【集解】譏公依倚齊桓，而與桓行異。

【補注】君子見善則遷，有過則改。公依倚齊桓，不知遷善，反三築臺，故惡之也。

【經】冬，不雨。

【補注】不傷二穀，謂之「不雨」。僖三年范君曰：「一時不雨，則書首月。不言『旱』，不爲災。」一時，猶「每時」也。謂經若於每時輒言「不雨」，則亦於每時皆書首月，若僖二年冬「十月，不雨」，三年春「正月，不雨」，夏「四月，不雨」，每時皆書首月也。此「冬，不雨」，不書首月者，止冬不雨，非每時也，故同「旱」例書時。僖二年傳曰：「『不雨』者，勤雨也。」范君曰：「言『不雨』，是欲得雨之心勤也。明君之恤民。」

【經】三十有二年，春，城小穀。

【集解】小穀，魯邑。

【經】夏，宋公、齊侯遇于梁丘。

【補注】梁丘，宋地。

【傳】「遇」者，志相得也。梁丘，在曹、邾之間，去齊八百里。非不能從諸侯而往也，辭所遇，遇所不遇，大齊桓也。

【集解】辭所遇，謂八百里間，諸侯必有願從者，而不之遇。所不遇，謂遠遇宋公也。

【經】秋，七月，癸巳，公子牙卒。

【集解】牙，慶父同母弟。何休曰：「傳例，大夫不日『卒』，惡也。牙與慶父共淫哀姜，謀殺子般，而日『卒』，何也？」鄭君釋之曰：「牙，莊公母弟。不言『弟』，其惡已見，不待去日矣。」甯案，傳例，諸侯之尊，弟兄不得以屬通。蓋以禮，諸侯絶朞，而臣諸父昆弟。稱「昆弟」，則是申其私親也。宣十七年「公弟叔肸卒」，傳曰：「其曰『公弟叔肸』，賢之也。」然則不稱「弟」，自其常例耳。鄭君之説，某[一]所未詳。

【補注】案公羊、左傳，皆以爲公子牙將殺子般，季子鴆之。穀梁無明文，蓋亦不異。牙坐罪見誅，猶正「卒」者，牙，兄弟也。雖藏邪志，而未果行，以爲既誅其身，則罪名可隱，故託辭使若正「卒」，稍申兄弟之恩也。

【經】八月，癸亥，公薨于路寢。

【集解】公薨，皆書其所，謹凶變。

【傳】路寢，正寢也。

【補注】路，大也。故路寢亦曰「大寢」。此人君每日聽政處，非齋及疾不居，故爲正寢。案鄭玄注周禮宫人，以爲天子之寢凡六，路寢一，燕寢五。王后亦然。諸侯或三，路寢一，燕寢二。夫人亦然。路寢以治事，燕寢以時燕息焉。

寢疾，居正寢，正也。

【補注】寢疾，謂疾革將死也。寢疾，居正寢，猶將祭而齋。

[一]「某」，原誤作「其」，據鍾本改。

男子不絶于婦人之手，以齊終也。

【集解】齊，絜。

【補注】絶，亦猶「終」，謂疾革終絶也。君無事，則恒居於燕寢，或夫人之寢。至疾革，則必移居正寢，不使婦人主之。其不使婦人主之者，所以正情性、防褻瀆、明慎終之義也。婦人亦不絶於男子之手。

【經】冬，十月，乙未，子般卒。

【集解】在喪，故稱「子」。般，其名也，莊公大子。不書「弑」，諱也。

【補注】子般不書「葬」者，未踰年之君，例不書「葬」。文十八年子赤、襄三十一年子野皆從例不書「葬」也。

【傳】子卒，日，正也。

【集解】襄三十一年「秋，九月，癸巳，子野卒」是也。

不日，故也。

【集解】文十八年冬十月，子赤卒是也。

有所見，則日。

【集解】閔公不書「即位」，是見繼弒者也。故慶父弒子般，子般可以日「卒」，不待不日而顯。

【經】公子慶父如齊。

【傳】此奔也。其曰「如」，何也？

【集解】據閔二年慶父奔莒不言「如」。

諱莫如深，深則隱。

【集解】深，謂君弒賊奔，隱痛之至也。故子般日「卒」，慶父「如」齊。

【補注】諱之深，所以見痛之至。

苟有所見，莫如深也。

【集解】閔公不書「即位」，見子般之弒，慶父出奔。

【補注】顯言之見，不如深隱之見切也。

【經】狄伐邢。

閔公

【補注】閔公名啓，莊公之子，以惠王十六年即位。案謚法，在國逢難曰「閔」。閔公不别卷者，蓋以其文稀簡少，故附於莊公，後亦仍之爾。

【經】元年，春王，正月。

【傳】繼弑君，不言「即位」，正也。親之，非父也。

【集解】兄也。

尊之，非君也。

【集解】未踰年也。

【補注】「親之」、「尊之」者，皆言閔公之於子般。

繼之如君父也者，受國焉爾。

【補注】父子者，國之公義存焉。兄弟者，門之私義存焉。父子相繼，正也。兄弟相繼，權也。凡人君無子，乃權引兄弟以爲後嗣，而授之國，兄弟既受，則臣子一體矣。傳即此有授受之道，申此有君父之禮，其見春秋於國天下，私必應乎公，權必應乎正也。公羊云：「爲人後者，爲之子也。」

【經】齊人救邢。

【傳】善救邢也。

【集解】善齊桓得伯之道。

【經】夏，六月，辛酉，葬我君莊公。

【傳】莊公葬而後舉謚。謚，所以成德也，於卒事乎加之矣。

【經】秋，八月，公及齊侯盟于洛姑。

【集解】洛姑，齊地。

【傳】盟納季子也。

【經】季子來歸。

【補注】季，字。「季子」者，公子友也。莊二十七年公子友以亂故出奔陳，經「秋，公子友如陳，葬原仲」是。至此來歸。

【傳】其曰「季子」，貴之也。

【集解】大夫稱名氏，今曰「子」，是貴之也。子，男子之美稱。

其曰「來歸」，喜之也。

【集解】大夫出使，歸不書。執，然後致，不言「歸」。國内之人，不曰「來」。今言「來」者，明本欲遂去，同他國之人也。言「歸」者，明實魯人也。「喜之」者，季子賢大夫，以亂故出奔，國人思之，懼其遂去不反，今得其還，故皆喜曰「季子來歸」。

【經】冬，齊仲孫來。

【補注】公子慶父也。

【傳】其曰「齊仲孫」，外之也。

【集解】魯絶之，故繫之于「齊」。

【補注】慶父，魯人，而稱「齊仲孫」，是外之若齊人也。

其不目，而曰「仲孫」，疏之也。

【集解】不目，謂不言「公子慶父」。

【補注】僖十六年傳曰：「大夫不言『公子』、『公孫』，疏之也。」疏，遠也。

其言「齊」，以累桓也。

【集解】繫仲孫於「齊」，言相容，赦有罪。

【經】二年，春王，正月，齊人遷陽。

【經】夏，五月，乙酉，吉禘于莊公。

【集解】三年喪畢，致新死者之主於廟，廟之遠主，當遷入大祖之廟，因是大祭，以審昭穆，謂之「禘」。莊公喪制未闋，時別立廟，廟成而吉祭，又不於大廟，故詳書以示譏。

【補注】「禘」之爲言，猶「諦」。諦定昭穆尊卑之義也。言「吉禘于莊公」，則是爲莊公別立宫廟，廟成而祭也。不稱「宫」者，莊公廟雖立訖，而公服未除，至此始二十二月，未滿三年，故不得稱「宫」也。

【傳】「吉禘」者，不吉者也。喪事未畢，而舉吉祭，故非之也。

【集解】莊公薨，至此方二十二月，喪未畢。

【補注】喪終吉祭，禮之常者，例不當志，雖變而志之，亦不當言「吉」。今喪服未終，而舉吉祭，又不於大廟，故特言「吉」以非之也。范君略例云：「祭祀例有九，皆書月以示譏。」「有九」者，桓二烝一嘗總三也，閔吉禘四也，僖禘大廟五也，文著祫、嘗六也，宣公有事七也，昭公禘武宫八也，定公從祀九也。

【經】秋，八月，辛丑，公薨。

【傳】不地，故也。其不書「葬」，不以討母葬子也。

【集解】凡君弑，賊討則書「葬」。哀姜實被討，而不書「葬」者，不以討母葬子。

【經】九月，夫人姜氏孫于邾。

【集解】哀姜與弑閔公，故出奔。

【傳】「孫」之爲言，猶「孫」也。諱「奔」也。

【經】公子慶父出奔莒。

【補注】案成十六年「冬，十月，乙亥，叔孫僑如出奔齊」，范君引徐邈曰：「案襄二十三年『臧孫紇出奔邾』，傳曰：『其日，正臧孫紇之出也。』禮，大夫去君，掃其宗廟，不絶其祀。身雖出奔，而君遇之不失正，故詳而日之，明有恩義也。」又襄二十三年「冬，十月，乙亥，臧孫紇出奔邾」，傳曰：「其日，正臧孫紇之出也。」范君曰：「正其有罪。」徐邈之説，似與范君不同，其實一也。於叔孫僑如言「明有恩義」，亦兼爲正其有罪所書日；於臧孫紇言「正其有罪」，亦兼爲君遇之不失所書日，皆互相以包也。則内大夫出奔，書日者，明君遇之不失，猶有恩義，亦兼正其有罪也。此慶父出奔不日者，既外之若齊人，故亦去日，見恩義絶也。

【傳】其曰「出」，絶之也。

【補注】案莊三十二年慶父出奔，經以「如齊」言之，是不絶其位，猶得爲魯臣子。今直曰「出奔」，則明絶其位，不復爲魯臣子也。

慶父不復見矣。

【集解】慶父弑子般、閔公，不書「弑」，諱之。

【補注】既絶其爲魯臣子，故春秋亦不復録之矣。案上元年既稱「齊仲孫」，此復稱「公子慶父」者，以將絶之，故申其本來也。

【經】冬，齊高子來盟。

【傳】其曰「來」，喜之也。其曰「高子」，貴之也。盟立僖公也。不言「使」，何也？

【集解】據桓十四年「鄭伯使其弟御來盟」言「使」。

不以齊侯使高子也。

【集解】齊侯不討慶父，使魯重罹其禍，今若高子自來，非齊侯所得使也。猶屈完不稱「使」也。江熙曰：「魯頻弑君，僖公非正也。桓公遣高傒立僖公以存魯，魯人德之。

不名其使，以貴之。貴其使，則其主重矣。」

【經】十有二月，狄入衛。

【集解】僖公二年城楚丘以封衛，則衛爲狄所滅，明矣。不言「滅」，而言「入」者，春秋爲賢者諱，齊桓公不能攘夷狄，救中國，故爲之諱。

【補注】滅中國，例日。此不日者，亦深爲齊桓諱也。

【經】鄭棄其師。

【補注】劉向云：「夫天之生人也，蓋非以爲君也。天之立君也，蓋非以爲位也。夫爲人君，行其私欲而不顧其人，是不承天意，忘其位之所以宜事也。如此者，春秋不與能君，而夷狄之。鄭伯惡一人而兼棄其師，故有夷狄不君之辭。人主不以此自省，惟既以失實，心奚因知之，故曰，有國者不可以不學春秋，此之謂也。」

【傳】惡其長也，兼不反其衆，則是棄其師也。

【集解】長，謂高克也。高克好利，不顧其君，文公惡而遠之不能，使高克將兵，禦狄于竟，陳其師旅，翺翔河上，久而不召，衆將離散。高克進之不以禮，文公退之不以道，危國亡師之本。

卷七

僖公

【補注】僖公名申，莊公之子，閔公庶兄，以惠王十八年即位。案謚法，小心畏忌曰「僖」。

【經】元年，春王，正月。

【傳】繼弑君，不言「即位」，正也。

【經】齊師、宋師、曹師次于聶北，救邢。

【集解】聶北，邢地。

【補注】狄伐邢，齊侯帥諸侯救之。

【傳】救不言「次」。

【集解】據莊六年「王人子突救衛」不言「次」。

言「次」，非救也。

【集解】次，止也。救，赴急之意。今方停止，故知非救也。

非救而曰「救」，何也？遂齊侯之意也。

【集解】録其本意。

是齊侯與？

【集解】怪其稱「師」。

齊侯也。何用見其是齊侯也？

【集解】據經書「齊師」。

曹無師。「曹師」者，曹伯也。

【集解】小國君將稱「君」，卿將稱「人」，不得稱「師」。言「師」則是曹伯也。曹君不可在「師」下，故知是齊侯。

其不言「曹伯」，何也？

【補注】怪經以「曹師」言「曹伯」。

以其不言「齊侯」，不可言「曹伯」也。

【補注】以「君」之尊，不可列「師」下，故曹亦稱「師」。

其不言「齊侯」，何也？以其不足乎揚，不言「齊侯」也。

【集解】救不及事，不足稱揚。

【經】夏，六月，邢遷于夷儀。

【集解】辟狄難。夷儀，邢地。

【傳】「遷」者，猶得其國家以往者也。其地，邢復見也。

【集解】非若「宋人遷宿」滅不復見。

【補注】「復見」者，謂邢後復見於春秋。案僖十六年「冬，十有二月，公會齊侯、宋公、陳侯、衛侯、鄭伯、許男、邢侯、曹伯于淮」，録「邢侯」，是邢復見也。

【經】齊師、宋師、曹師城邢。

【傳】是向之師也，使之如改事然，美齊侯之功也。

【集解】是向聶北之師，當言「遂」。今復列三[一]國者，美齊桓存亡國。

【補注】此「城邢」，與上「邢遷于夷儀」，是一事而相繼。一事相繼，不煩復舉三國，直以繼事之辭言之曰「遂城邢」可也。但經不如此言者，前之救邢不及，不足爲功，後復遷邢存亡，美足爲功，故於「城邢」上復舉三國，使若二事然，則桓功得見矣。

【經】秋，七月，戊辰，夫人姜氏薨于夷。

【集解】哀姜。

【補注】莊公夫人也。夷，齊地。

【傳】夫人薨，不地。地，故也。

【經】齊人以歸。

【傳】不言以喪歸，非以喪歸也。加喪焉，諱以夫人歸也。

【集解】泰曰：「齊人實以夫人歸，殺之于夷。諱，故使若自行至夷，遇疾而薨，然後齊人以喪歸也。歸在薨前，而今在下，是加喪之文也。經不言以喪歸者，以本非以喪歸

[一]「三」，原誤作「二」，據鍾本改。

也。傳例曰，『以』者，不以者也。微旨見矣。」

其以歸，薨之也。

【集解】以歸，然後殺之。

【補注】閔公之死，哀姜與有罪焉，故遜於邾。齊人召哀姜以歸，至夷，而殺之。

【經】楚人伐鄭。

【補注】楚益通於諸夏，故自此以後，雖狄之，而皆稱「楚」，不復州舉之也。

【經】八月，公會齊侯、宋公、鄭伯、曹伯、邾人于檉。

【集解】檉，宋地。

【補注】檉之會，謀救鄭也。公此八月才會，下九月即敗邾，見是攜怨往會，故謹月以危之也。

【經】九月，公敗邾師于偃。

【集解】偃，邾地。

【補注】公怨邾以夫人與齊，故敗之。

【傳】不日，疑戰也。疑戰而曰「敗」，勝内也。

【經】冬，十月，壬午，公子友帥師敗莒師于麗，獲莒挐。

【集解】麗，魯地。傳例曰，「獲」者，不與之辭。

【傳】莒無大夫。其曰「莒挐」，何也？

【集解】據非大夫，不書。

以吾獲之，目之也。

【補注】春秋大夫以下，卑，故例不志。莒無大夫，莒挐卑也，而得志之者，以吾之獲之，故特志之也。

內不言「獲」。

【集解】「獲」者，不與之辭。主善以內，故不言「獲」。

此其言「獲」，何也？

【集解】據文十一年「叔孫得臣敗狄于鹹」不言「獲長狄」。

惡公子之紿。

【集解】紿，欺紿也。

紿者，奈何？公子友謂莒挐曰：「吾二人不相說，士卒何罪？」

【補注】説，猶「悦」。

屏左右而相搏，公子友處下，左右曰：「孟勞！」孟勞者，魯之寶刀也，公子友以殺之。然則何以惡乎紿也？

【集解】據得勝地。

曰：棄師之道也。

【集解】江熙曰：「經書『敗莒師』，而傳云二人相搏，則師不戰，何以得『敗』？理自不通也。夫王赫斯怒，貴在爰整。子所慎三，戰居其一。季友令德之人，豈當舍三軍之整，佻身獨鬥，潛刃相害，以決勝負者哉？雖千載之事難明，然風味之所期，古猶今也，此又事之不然。傳或失之。」

【補注】經曰「敗莒師」，則若師相戰。傳言二人相搏，又曰「棄師之道」，則若師未戰。傳似與經違者，實不違也。公子友覘莒挐之可擒，於是設言，相搏以殺之。將既身死，師隨潰亂，勢之然也，故經曰「敗」。然公子友棄文王之整旅，佻身獨鬥，潛刃而殺，君子惡之，故經曰「獲」，而傳曰「棄師之道」也。

【經】十有二月，丁巳，夫人氏之喪至自齊。

【補注】僖公請哀姜之喪而還，遂葬之。

【傳】其不言「姜」，

【補注】謂不稱「夫人姜氏」，而直稱「夫人氏」。

以其殺二子，貶之也。

【集解】二子，子般、閔公。

【補注】不於閔二年「孫于邾」貶者，不以子討母故也。

或曰，爲齊桓諱殺同姓也。

【補注】哀姜，齊女也，故曰「同姓」。

【經】二年，春王，正月，城楚丘。

【補注】此齊桓帥諸侯以城之也。内齊桓，故不言諸侯，直曰「城」，使若内辭。不正其專封，故月以謹之。

【傳】「楚丘」者何？衛邑也。國而曰「城」。

【補注】此「城」者，是即外都邑以言之，不與城内都邑同也。

此邑也，其曰「城」，何也？

【集解】據元年「齊師、宋師、曹師城邢」，邢，國也。

封衛也。

【集解】閔二年狄入衛，遂滅。

【補注】衛被狄滅，齊帥諸侯救之，遂遷衛於楚丘，再封使都焉，故曰「城」。

則其不言「城衛」，何也？衛未遷也。

【補注】「衛未遷也」者，謂經無衛遷之文。

其不言衛之遷焉，何也？

【集解】據元年「邢遷于夷儀」，言「遷」也。

不與齊侯專封也。其言「城」之者，專辭也。故非天子，不得專封諸侯。諸侯，不得專封諸侯。雖通其仁，以義而不與也。

【集解】存衛，是桓之仁，故通令城楚丘。義不可以專封，故不言遷衛。

【補注】案周禮，凡封國，大宗伯儐，司几筵設黼扆，内史作册命。是天子之大權，非諸侯所得專而行之者，雖其存亡繼絶，亦不當異也。

故曰，仁不勝道。

【集解】仁，謂存亡國。道，謂上下之禮。

【補注】春秋之道，有因禮以行義，無假義以亂禮。有因義以行仁，無假仁以亂義。假義以亂禮，雖將求義，其義不義矣。假仁以亂義，雖將求仁，其仁不仁矣。是仁者，天下之表也。義者，天下之制也。禮者，仁、義之往來相報，而爲天下之利也。故君子所將欲得，必先準禮，然後左右焉。

【經】夏，五月，辛巳，葬我小君哀姜。

【補注】哀，謚也。

【經】虞師、晉師滅夏陽。

【傳】非國，而曰「滅」，重夏陽也。

【補注】夏陽，虢之邑，與虞相接。下范君曰：「其地險要，故二國以爲塞邑。」以是塞邑，重之若國，故以「滅」言也。

虞無師。其曰「師」，何也？以其先晉，不可以不言「師」也。

【集解】「人」不得居「師」上，貴賤之序。

其先晉，何也？

【集解】據小不先大。

爲主乎滅夏陽也。「夏陽」者，虞、虢之塞邑也。

【集解】其地險要，故二國以爲塞邑。

滅夏陽，而虞、虢舉矣。

【補注】舉，猶拔也。

虞之爲主乎滅夏陽，何也？晉獻公欲伐虢，荀息曰：「君何不以屈産之乘、垂棘之璧而借道乎虞也？」

【集解】荀息，晉大夫。屈邑産駿馬，垂棘出良璧。

公曰：「此晉國之寶也，如受吾幣而不借吾道，則如之何？」荀息曰：「此小國之所以事大國也。

【集解】「此」，謂璧、馬之屬。

彼不借吾道，必不敢受吾幣。如受吾幣而借吾道，則是我取之中府而藏之外府，取之中廄而置之外廄也。」公曰：「宫之奇存焉，

【集解】宮之奇，虞之賢大夫。

必不使受之也。」荀息曰：「宮之奇之爲人也，達心而懦，

【集解】懦，弱。

又少長於君。達心，則其言略。

【集解】明達之人，言則舉綱領要，不言提其耳，則愚者不悟〔一〕。

懦，則不能彊諫。少長於君，則君輕之。

【補注】「少長於君」，謂自幼相習共處。人之情，自幼相習共處，則必親狎；親狎，則失莊重，遂亦輕其言。

且夫玩好在耳目之前，而患在一國之後，此中知以上乃能慮之。臣料虞君，中知以下也。」公遂借道而伐虢。宮之奇諫曰：「晉國之使者，其辭卑而幣重，必不便於虞。」虞公弗聽，遂受其幣而借之道。宮之奇諫曰：「語曰：『脣亡則齒寒。』其斯之謂與！」

〔一〕「悟」，原誤作「悞」，據鍾本改。

【集解】語，諺言也。

挈其妻子以奔曹。獻公亡虢，五年而後舉虞。

【補注】僖五年，晉滅虞，執虞公。

荀息牽馬操璧而前曰：「璧則猶是也，而馬齒加長矣。」

【集解】「猶是」，言如故。

【經】秋，九月，齊侯、宋公、江人、黄人盟于貫。

【集解】貫，宋地。

【補注】江、黄，並嬴姓，皆夷狄之微國也。

【傳】貫之盟，不期而至者，江人、黄人也。「江人」、「黄人」者，遠國之辭也。中國，稱「齊」、「宋」。遠國，稱「江」、「黄」。以爲諸侯皆來至也。

【補注】於中國，舉大以包小；於遠國，舉小以盡大，是遍至之辭也。桓之威德於此盛，故大之云然。

【經】冬，十月，不雨。

【傳】「不雨」者，勤雨也。

【集解】言「不雨」，是欲得雨之心勤也。明君之恤民。

【經】楚人侵鄭。

【經】三年，春王，正月，不雨。

【傳】「不雨」者，勤雨也。

【經】夏，四月，不雨。

【集解】一時不雨，則書首月。不言「旱」，不爲災。

【傳】一時言「不雨」者，閔雨也。

【集解】經一時輒言「不雨」，憂民之至。閔，憂也。

【補注】「一時言『不雨』」者，謂每歷一時，而經輒書「不雨」也。若上冬十月書「不雨」，至春正月書「不雨」，至此夏四月又書「不雨」。

閔雨者，有志乎民者也。

【經】徐人取舒。

【補注】舒，夷狄之國也。

【經】六月，雨。

【傳】「雨」云者，喜雨也。喜雨者，有志乎民者也。

【經】秋，齊侯、宋公、江人、黄人會于陽穀。

【集解】陽穀，齊地。

【傳】陽穀之會，桓公委端搢笏而朝諸侯，諸侯皆諭乎桓公之志。

【集解】委，委貌之冠也。端，玄端之服。搢，插也。笏，以記事者也。所謂衣裳之會。

【補注】諭，曉。桓公之志，謂尊天王。經但舉齊、宋、江、黄者，遍至之辭也。一會而尊天王，故大之以遍至之辭言之，亦二年傳所謂「中國，稱『齊』、『宋』；遠國，稱『江』、『黄』，以爲諸侯皆來至也」。

【經】冬，公子季友如齊莅盟。

【集解】傳例[一]曰，莅，位也。内之前定之盟，謂之「莅」。外之前定之盟，謂之「來」。

[一]「例」，原誤作「列」，據鍾本改。

【傳】「莅」者，位也。

【集解】盟誓之言素定，今但往其位而盟。

【補注】凡國將新盟者，必先約定信辭，載書於策，謂之「載書」。案左傳，襄十一年，晉率諸侯，與鄭同盟于戲，將盟，爲載書，曰：「自今日既盟之後，鄭國而不唯晉命是聽，而或有異志者，有如此盟。」又昭二十五年，公孫于齊，臧昭伯率從者，將盟，爲載書，曰：「戮力壹心，好惡同之，信罪之有無，繾綣從公，無通外内。」皆其類也。至若締成素好、尋温舊盟之屬，則兩國之信先結有日，而載書之辭仍昔未改，今但再邀往來，奉禮莅會爾，是固不與新盟同。

其不日，前定也。

【補注】前定之盟不日。

不言及者，以國與之也。不言其人，亦以國與之也。

【補注】義詳成三年范君引徐邈説。

【經】楚人伐鄭。

【經】四年，春王，正月，公會齊侯、宋公、陳侯、衛侯、鄭伯、許男、曹伯侵蔡，蔡潰。

【集解】傳例曰，侵，時。而此月，蓋爲「潰」。

【補注】成九年范君曰：「潰，例月。」

【傳】「潰」之爲言，上下不相得也。

【集解】君臣不和而自潰散。

侵，淺事也。侵蔡，而蔡潰，以桓公爲知所侵也。

【集解】責得其罪，故裁侵而潰。

不土其地，不分其民，明正也。

【經】遂伐楚，次于陘。

【集解】楚彊，齊欲綏之以德，故不速進，而次于陘。陘，楚地。

【補注】此接上經「蔡潰」。

【傳】遂，繼事也。次，止也。

【經】夏，許男新臣卒。

【集解】十四年「冬，蔡侯肸卒」，傳曰：「諸侯時『卒』，惡之也。」宣九年「辛酉，晉侯黑臀卒于扈」，傳曰：「其地，于外也。其日，未踰竟也。」然則新臣卒于楚，故不日耳，非惡也。

【補注】許男隨諸侯伐楚，次於陘，卒焉。案春秋，諸侯正卒，凡不在國都，例稱地以明之。其未踰境者，例得書日以明正。若已踰境，則例不得書日以明正，僅存月以見踰境爾。唯其踰境已顯者，乃得書日以別嫌。今許男新臣次陘而卒，雖見在外，而無可謂顯，例當稱地不日，然經既不地曰「許男新臣卒」矣，若猶依例不日，唯存其月，則嫌與非正在國卒同，故特不日而時，明卒非在國，乃踰境也。踰境卒例詳宣九年。

【傳】諸侯死於國，不地。死於外，地。

【補注】國，謂國都。外，謂國都之外。

【集解】據宣九年「晉侯黑臀卒于扈」地。

死於師，何爲不地？

【補注】案成十三年「曹伯廬卒于師」，傳曰：「公、大夫在師曰『師』，在會曰『會』。」謂凡魯君或魯大夫在師在會，而遇諸侯卒者，則例當以「卒于師」、「卒于會」言之，所以申閔之之情，若成十三年「曹伯廬卒于師」曰「師」，定四年「杞伯成卒于會」曰「會」。曰「師」曰「會」，亦地之之義也。今許男不在許都，隨師在楚，卒焉，則例當書「卒于師」，而經不書，傳遂執以設問。

內桓師也。

【集解】齊桓威德洽著，諸侯安之，雖卒於外，與其在國同。

【經】楚屈完來盟于師，盟于召陵。

【集解】屈完來如陘師盟，齊桓以其服義，爲退一舍，次于召陵，而與之盟。召陵，楚地。

【補注】此從「來盟」例，故時。

【傳】楚無大夫，

【集解】無命卿也。

其曰「屈完」，何也？

【補注】屈，氏。完，名也。楚爲荆蠻，無命大夫，皆自命之。案僖、文之世，楚漸通諸夏，國轉彊大，然猶未能全同於列國，故雖有自命大夫，春秋亦不成其爲凡大夫也。既不成其爲凡大夫，則當從卑者例，以國氏曰「楚完」，而經曰「屈完」，是以名氏通，若稱凡大夫例，傳遂執以設問。

以其來會桓，成之爲大夫也。

【集解】尊齊桓，不欲令與卑者盟。

【補注】以其來會桓，故以殊禮成之。楚大夫例，詳莊二十六年范君引徐邈説。

其不言「使」，權在屈完也。

【集解】邵曰：「齊桓威陵江、漢，楚人大懼，未能量敵，遣屈完如師。完權言之宜，以義卻齊，遂得與盟，以安竟内，功皆在完，故不言『使』。」

則是正乎？曰：非正也。

【集解】臣無自專之道。

以其來會諸侯，重之也。

【集解】重其宗中國，歸有道。

「來」者何？内桓師也。

【集解】「來」者，内辭也。内桓師，故言「來」。

于師，前定也。于召陵，得志乎桓公也。得志者，不得志也。

【集解】屈完來盟，桓公退于召陵，是屈完得其本志。屈完得志，則桓公不得志。

以桓公得志爲僅矣。

【集解】桓爲霸主，以會諸侯，楚子不來，屈完受盟，令問諸江，辭又不順，僅乃得志。言楚之難服。

【補注】僅，不足之稱。

屈完曰：「大國之以兵向楚，何也？」桓公曰：「昭王南征不反，菁茅之貢不至，故周室不祭。」

【集解】菁茅，香草，所以縮酒，楚之職貢。

屈完曰：「菁茅之貢不至，則諾。昭王南征不反，我將問諸江。」

【集解】問江邊之民，有見之者不？此不服罪之言，故退于召陵，而與之盟。屈完所以得志，桓公之不得志爾。

【補注】周昭王親征荆蠻，反，將涉漢，漢濱之人以膠膠船。船壞，昭王溺焉。故屈完曰：「我將問諸江。」此所以屈桓公之辭也。

【經】齊人執陳袁濤塗。

【集解】袁濤塗，陳大夫。

【傳】「齊人」者，齊侯也。其「人」之，何也？於是哆然外齊侯也，不正其踰國而執也。

【集解】江熙曰：「踰國，謂踰陳而執陳大夫。主人之不敬客，由客之不先敬主人。哆然衆有不服之心，故春秋因而譏之，所謂以萬物爲心也。莊十七年『齊人執鄭詹』，傳與其執者，詹奔在齊，因執之。」

【補注】此稱「齊人」者，猶桓十一年稱「宋人」，亦貶之之辭。哆，同「誃」，離也。「外齊侯」者，案莊三十一年「六月，齊侯來獻戎捷」，傳曰：「齊侯來獻捷者，内齊侯也。不言『使』，内與同，不言『使』也。」是魯親倚齊桓，内之若一國。又上四年「夏，許男新臣卒」，傳曰：「諸侯死於國，不地。死於外，地。死於師，何爲不地？内桓師也。」是許親倚齊桓，亦内之若一國。向傳言「内」，明諸侯固皆親齊。今傳言「外」，明諸侯或有離志。夫伯者，把持諸侯之權，不失人臣之義，遵輔王業也。若不自正其德，則君子去之，小人效之，將無以宗諸侯矣。故貶之稱「齊人」，亦所以責備賢者也。劉向云：「桓不内自正，而外執陳大夫，則陳、楚不附，鄭伯逃盟，諸侯將不從桓政。」「踰國而執」者，謂踰其君而執其臣也。今陳侯在，齊侯踰陳侯而執其大夫，是無禮也。

【經】秋，及江人、黄人伐陳。

【傳】不言其人及之者何？内師也。

【補注】内師，謂魯師也。

【經】八月，公至自伐楚。

【傳】有二事偶，則以後事致。後事小，則以先事致。其以伐楚致，大伐楚也。

【集解】鄭君曰：「會爲大事，伐〔一〕爲小事。今齊桓伐楚，而後盟于召陵，公當致會，而致伐者，楚彊，莫能伐者，故以伐楚爲大事。」

【經】葬許穆公。

【經】冬，十有二月，公孫兹帥師會齊人、宋人、衛人、鄭人、許人、曹人侵陳。

【集解】莊十年春「二月，公侵宋」，傳曰：「侵，時。此其月，何也？惡之，故謹而月之。」然則凡侵而月者，皆惡之。

〔一〕「伐」，原誤作「仗」，據鍾本改。

【經】五年，春，晉侯殺其世子申生。

【傳】目「晉侯」，斥「殺」，惡晉侯也。

【集解】斥，指斥。

【經】杞伯姬來朝其子。

【補注】伯姬攜子歸寧，以其子朝於僖公。

【傳】婦人既嫁，不踰竟。踰竟，非正也。諸侯相見曰「朝」。伯姬爲志乎朝其子也。

【補注】蓋欲假魯，以重其子。

伯姬爲志乎朝其子，則是杞伯失夫之道矣。

【集解】凱曰：「不能刑于寡妻。」

諸侯相見曰「朝」。以待人父之道待人之子，非正也。

【補注】言「朝」，則見禮成。

故曰「杞伯姬來朝其子」，參譏也。

【集解】參譏，謂伯姬、杞伯、魯侯也。桓九年「曹伯使其世子射姑來朝」，譏世子，此不譏者，明子隨母行，年尚幼弱，未可責以人子之道。伯姬以莊二十五年夏嫁，至今十三年，則子幼可知。

【經】夏，公孫兹如牟。

【經】公及齊侯、宋公、陳侯、衛侯、鄭伯、許男、曹伯會王世子于首戴。

【集解】惠王之世子，名鄭，後立爲襄王。首戴，衛地。

【傳】「及」以「會」，尊之也。

【集解】言「及」諸侯，然後「會」王世子，不敢令世子與諸侯齊列。

何尊焉？「王世子」云者，唯王之貳也云。可以重之存焉，尊之也。何重焉？天子世子，世天下也。

【經】秋，八月，諸侯盟于首戴。

【集解】言「諸侯」者，前目而後凡。他皆放此。

【傳】無中事，而復舉「諸侯」，何也？尊王世子，而不敢與盟也。尊，則其不敢與盟，何也？盟者，不相信也，故謹信也。不敢以所不信而加之尊者。桓，諸侯也，不能朝天子，是不臣也。王世子，子也，塊然受諸侯之尊己，而立乎其位，是不子也。

【補注】「塊然」者，安然獨尊之貌。凡君於世子，親之則爲父，尊之則爲君，其道天下所共觀焉，故世子必居子與臣節，所以親親而尊君，用昭道於天下也。今王世子代父受朝，伉行君禮，嫌失世子之道矣，故傳曰「不子」。

桓不臣，王世子不子，則其所善焉，何也？是則變之正也。

【集解】雖非禮之正，而合當時之宜。

天子微，諸侯不享覲，桓控大國，扶小國，統諸侯，不能以朝天子，亦不敢致天王。

【補注】案晉文公兩致天王，是比齊桓爲不正。

尊王世子于首戴，乃所以尊天王之命也。世子含王命會齊桓，亦所以尊天王之命也。世子受之，可乎？是亦變之正也。天子微，諸侯不享覲，世子受諸侯之尊己，而天王尊矣。世子受之，可也。

【補注】身也者，父母之遺體也。王世子者，天王之遺體也。王世子尊，則天王亦尊矣，王世子因是故，可以受之也。

【經】鄭伯逃歸不盟。

【補注】此接上經「諸侯盟于首戴」。

【傳】以其去諸侯，故「逃」之也。

【集解】專己背衆，故書「逃」。傳例曰，逃義曰「逃」。

【經】楚人滅弦，弦子奔黄。

【補注】此承上「八月」。

【傳】弦，國也。其不日，微國也。

【補注】弦是夷狄之小國，滅在時例。月者，奔故也。

【經】九月，戊申，朔，日有食之。

【經】冬，晉人執虞公。

【集解】虞公貪璧馬之寶，棄兄弟之親，拒絶忠諫之口，不圖社稷之危，故晉命行于虞，使下執上，虞同于晉，是以謂之「晉人執虞公」。江熙曰：「春秋有州公、郭公、虞公，凡三公，非爵也。傳以爲『下執』之辭，嘗試因此論之，五等諸侯，民皆稱曰『公』。存有王爵之限，没則申其臣民之稱。州公舍其國，故先書『州公』。郭公盜而歸曹，故先名，而後稱『郭公』。夏陽亡，則虞爲滅國，故宜稱『虞公』。三人殊而一致，三公舛而同歸，生死齊稱，蓋春秋所賤。」

【補注】案左傳，晉滅虢，虢公丑奔京師。晉師還，館於虞，遂襲虞，滅之，執虞公及其大夫井伯。

【傳】執，不言所於地，緼於晉也。

【集解】時虞已包裹屬於晉，故雖在虞執，而不書其處。

【補注】此是滅而執，宜先言「滅虞」，然後言「執」，使明知是在虞執之，若昭八年「冬，十月，壬午，楚師滅陳，執陳公子招，放之于越」，先言「滅陳」。此不言者，虞之與虢，相爲表裏，虢之既滅，則虞亦隨之包裹屬晉，既隨屬晉，則虞若已滅，故經不復言「滅虞」，直曰「晉人執虞公」，使若晉自在己國執之也。

其曰「公」，何也？

【集解】據十九年「宋人執滕子嬰齊」不言「公」。

猶曰其下執之之辭也。

【集解】臣民執其君，故稱「公」。

其猶下執之之辭，何也？晉命行乎虞民矣。

【集解】虞服于晉，故從晉命而執其君。

【補注】「晉人執虞公」，此「公」亦非爵，乃虞臣子自稱其君之辭。虞公以貪亡國，故執而稱臣子之辭，使若虞人自執其君，見罪懲之也。使若虞人自執，又稱「晉人」者，以虞既服晉命，則虞人亦晉人矣。

虞、虢之相救，非相爲賜也。今日亡虢，而明日亡虞矣。

【集解】言「明日」，喻其速。

卷八

【經】六年，春王，正月。

【經】夏，公會齊侯、宋公、陳侯、衛侯、曹伯伐鄭，圍新城。

【傳】伐國，不言圍邑。此其言「圍」，何也？

【集解】據元年「楚人伐鄭」不言「圍」。

病鄭也，著鄭伯之罪也。

【集解】泰曰：「諸伐國而言圍邑，傳皆以爲伐者之罪，而以此著鄭伯之罪者，齊桓行霸，尊崇王室，綏合諸侯，翼戴世子，盟之美者，莫盛於此，而鄭伯辟義逃歸，違叛霸者，是以諸侯伐而圍之。罪著于上，討顯于下，『圍』、『伐』之文雖同，而善惡之義有殊，亦猶桓盟不日以明信，而葵丘之盟日之以爲美。」

【經】秋，楚人圍許，諸侯遂救許。

【集解】伐鄭之諸侯。

【傳】善救許也。

【經】冬，公至自伐鄭。

【傳】其不以救許致，何也？大伐鄭也。

【補注】鄭叛中國，外心事楚，成夷狄之彊，益華夏之弱，齊桓爲伯，討得其罪，鄭人服從，遂以聽命，是其大也。

【經】七年，春，齊人伐鄭。

【經】夏，小邾子來朝。

【補注】此「小邾子」，即郳黎來也。杜預云：「郳黎來始得王命，而來朝也。邾之别封，故曰『小邾』。」

【經】鄭殺其大夫申侯。

【傳】稱國以殺大夫，殺無罪也。

【經】秋，七月，公會齊侯、宋公、陳世子款、鄭世子華盟于寧母。

【集解】寧母，某地。

【補注】寧母，魯地。

【傳】衣裳之會也。

【經】曹伯班卒。

【經】公子友如齊。

【經】冬，葬曹昭公。

【經】八年，春王，正月，公會王人、齊侯、宋公、衛侯、許男、曹伯、陳世子款盟于洮。

【集解】洮，曹地。

【傳】王人之先諸侯，何也？貴王命也。朝服雖敝，必加於上。弁冕雖舊，必加於首。周室雖衰，必先諸侯。兵車之會也。

【經】鄭伯乞盟。

【傳】以向之逃歸「乞」之也。

【集解】向，謂五年逃首戴之盟。齊桓爲兵車之會，于此乃震服，懼不得盟，故乞得與之。不録使者，使若鄭伯自來，所以抑一人之惡，申衆人之善。

「乞」者，重辭也。

【集解】人道貴讓，故以乞爲重。

重是盟也。

【集解】悔前逃歸，故以重言。

「乞」者，處其所而請與也。

【集解】言「乞」，知不自來。

【補注】鄭伯以前之逃盟從楚，不敢親來，故自處國中，而遣使往之，求與盟也。

蓋汋之也。

【集解】汋血而與之。

【補注】莊二十七年傳稱齊桓「衣裳之會十有一，未嘗有歃血之盟」，此傳則若歃血云者，蓋鄭前既逃盟從楚，伐之遂服，今又不親盟，而使人來，且非衣裳之會，傳因乎是，疑桓雖信厚，而以鄭之反復，其或當歃血，乃可信與鄭盟，故原情申之，曰「蓋汋之也」。「蓋汋之」者，爲不信鄭，非不信桓也。

【經】夏，狄伐晉。

【經】秋，七月，禘于大廟，

【集解】禘，三年大祭之名。大廟，周公廟。禮記明堂位曰：「季夏六月，以禘禮祀周公于大廟。」雜記下曰：「孟獻子曰：『七月日至，可以有事于祖。』七月而禘，獻子爲之。」案宣九年「仲孫蔑如京師」，於是獻子始見經，襄十九年卒，然則失禮非獻子所始，明矣。雜記之云，甯所未詳。

【補注】鄭答趙商云：「僖八年正月，公會王人于洮，六月應禘，以在會未還，故至七月乃禘，君子原情免之，理不合譏。而書之者，爲致夫人，故書『七月，禘』也。」

用致夫人。

【補注】劉向云：「夫人，成風也。致之于大廟，立之以爲夫人。」

【傳】「用」者，不宜用者也。「致」者，不宜致者也。言夫人，必以其氏姓。言夫人，而不以氏姓，非夫人也，立妾之辭也，非正也。

【集解】「夫人」者，正嫡之稱謂，非崇妾之嘉號。以妾體君，則上下無别。雖尊其母，是卑其父，故曰「非正也」。禮，有君之母非夫人者，又庶子爲後，爲其母緦。是妾不爲夫體〔一〕明矣。

【補注】成風，僖公之母，莊公之妾。

夫人之，我可以不夫人之乎？夫人卒、葬之，我可以不「卒」、「葬」之乎？

【集解】鄭嗣曰：「君以爲夫人。君以夫人之禮卒、葬之，主書者不得不以爲夫人也。成風以文四年薨，五年葬，傳終説其事。」

【補注】案文四年「冬，十有一月，壬寅，夫人風氏薨」，稱「夫人」，是以夫人之禮卒之。五年「三月，辛亥，葬我小君成風」，稱「小君」，是以夫人之禮葬之。

一則以宗廟臨之，而後貶焉。

【集解】臣無貶君之義，故于大廟去夫人氏姓，以明君之非正。

〔一〕「體」，原本此字空缺，今據四庫本補。

一則以外之弗夫人，而見正焉。

【集解】「秦人來歸僖公成風之襚」不言「夫人」。

【補注】外，謂秦也。案文九年「秦人來歸僖公成風之襚」，稱「僖公成風」，若隱元年稱「惠公仲子」，亦妾子爲君，母以子氏之辭，則見秦人來襚，其稱禮名義，是以成風爲僖公之母，不以爲莊公夫人也。故曰「以外之弗夫人，而見正焉」。

【經】冬，十有二月，丁未，天王崩。

【集解】惠王也。

【經】九年，春王，三月，丁丑，宋公禦説卒。

【經】夏，公會宰周公、齊侯、宋子、衛侯、鄭伯、許男、曹伯于葵丘。

【集解】宰，官。周，采地。天子三公，不字。宋子，襄公。葵丘，地名。

【補注】葵丘，蓋宋地。

【傳】天子之宰，通于四海。

【集解】宰，天官冢宰，兼爲三公者。三公，論道之官，無事于會盟。冢宰，掌建邦之六典，以佐王治邦國，故曰「通于四海」。

【補注】案爾雅釋地，九夷、八狄、七戎、六蠻謂之「四海」。其地九州之外，荒服之内，是作蕃國，於王者世一見，各以所貴寶爲贄也。四夷之數，檢之經傳，互有不同，若周禮職方氏則云「四夷、八蠻、七閩、九貉、五戎、六狄」，若明堂位則云「九夷、八蠻、六戎、五狄」，蓋或以時所存種類而差，或以時所服國數而差也。然皆所以謂之「四海」者，「海」之言，晦也，夷狄晦闇於禮義也。

宋其稱「子」，何也？未葬之辭也。

【補注】君薨未葬，稱子某。今宋桓公禦説未葬，襄公茲父宜稱「子茲父」，而經直稱「子」，不名者，鄭玄以爲嗣君在喪，若出與諸侯朝會，則待之如君。待之如君，故亦有不名義也。

禮，柩在堂上，

【補注】在牀曰「尸」，在棺曰「柩」。

孤無外事。

【補注】哀痛之至，無暇顧也。

今背殯而出會，以宋子爲無哀矣。

【集解】欑木如椁塗之曰「殯」。殷人殯于兩楹之間，周人殯于西階之上。宋，殷後也。

【經】秋，七月，乙酉，伯姬卒。

【傳】内女也。未適人，不「卒」。此何以「卒」也？許嫁，笄而字之，死則以成人之喪治之。

【集解】女子許嫁[一]不爲殤，死則以成人之喪治之。謂許嫁於諸侯，尊同，則服大功九月。吉笄，以象爲之，刻鏤其首以爲飾，成人著之。

【補注】女子許嫁而笄，猶男子之冠也，故得以成人之喪治之。禮，諸侯絕旁期，姑姊妹女子在室不服，唯嫁爲國君夫人者，乃以尊同，爲之服大功九月。若其許嫁國君，雖未之行，而已有貴道，故亦爲之服大功九月也。

【經】九月，戊辰，諸侯盟于葵丘。

【傳】桓盟不日。此何以日？美之也。爲見天子之禁，故備之也。

〔一〕「嫁」，原誤作「女」，據鍾本改。

【集解】何休以爲，即日爲美，其不日皆爲惡也。桓公之盟，不日皆爲惡邪？莊十三年柯之盟不日爲信，至此日以爲美，義相反也。鄭君釋之曰：「柯之盟不日，因〔一〕始信之，自其後盟，以不日爲平文。從陽穀已來，至此葵丘之盟，皆令諸侯以天子之禁，桓德極而將衰，故備日以美之，自此不復盟矣。」

葵丘之會，陳牲而不殺，

【集解】所謂無歃血之盟。鄭君曰：「盟牲，諸侯用牛，大夫用豭。」

讀書加于牲上，

【補注】書，謂載書，載其盟詛要誓之辭。禮，凡盟詛，先鑿地爲方坎，殺牲於坎上，割牲左耳，盛以珠盤，又取血，盛以玉敦，用血爲盟，書成，乃歃血而讀書。「陳牲而不殺，讀書加于牲上」者，言桓信厚，故不待殺埋歃血，直臨牲讀載書也。亦有牲者，唯示備禮爾。

壹明天子之禁。

【集解】壹，猶專也。

〔一〕「因」，原誤作「固」，據四庫本改。

曰：毋雍泉，

【集解】專水利以障谷。

【補注】雍，塞也。

毋訖糴，

【集解】訖，止也。謂貯粟。

毋易樹子，

【集解】樹子，嫡子。

毋以妾爲妻，毋使婦人與國事。

【集解】女正位於内。

【經】甲子，晉侯詭諸卒。

【集解】獻公也。枉殺世子申生，失德不「葬」。

【經】冬，晉里克殺其君之子奚齊。

【補注】書時者，蓋以其不正，又未成君故也。

【傳】「其君之子」云者，國人不子也。國人不子，何也？不正其殺世子申生而立之也。

【集解】諸侯在喪稱「子」。言國人不君之，故繫于其君。

【補注】事在十年傳。

【經】十年，春王，正月，公如齊。

【補注】月者，爲下「滅温」起。

【傳】狄滅温，温子奔衛。

【補注】此温子，即文十年蘇子也。周司寇蘇公之後，國於温，故稱「温子」。文十年范君曰：「蘇子，周卿士。」以是天子卿士，故不名。天子卿士，凡見於春秋者四，此温子即蘇子，一也。成十六年尹子，二也。十七年單子，三也。昭十三年劉子，四也。皆稱「子」。

【經】晉里克弑其君卓及其大夫荀息。

【傳】以尊及卑也。荀息，閑也。

【經】夏，齊侯、許男伐北戎。

【補注】案莊三十年齊桓伐山戎，經變「齊侯」曰「齊人」，以爲愛之，此不愛者，以許男在，無獨敵之嫌也。

【經】晉殺其大夫里克。

【傳】稱國以殺，罪累上也。

【補注】上，謂君上。「罪累上」者，謂君亦連有失也。君亦連有失者，即傳下所謂「殺之不以其罪也」。里克有弑君之罪，夷吾殺之不以其罪，是里克既有罪，而夷吾亦連有失也。僖三十年范君曰：「凡稱國以殺大夫，或殺無罪，或罪累上，參互不同，略當近半。然則『稱國以殺』有二義。」

里克弑二君與一大夫，

【集解】二君，奚齊、卓子。一大夫，荀息。

其以累上之辭言之，何也？

【集解】據有罪。

其殺之不以其罪也。其殺之不以其罪，奈何？里克所爲殺者，爲重耳也。

【集解】殺奚齊、卓子者，欲以重耳爲君。重耳，夷吾兄文公。

夷吾曰：「是又將殺我乎？」故殺之不以其罪也。

【補注】夷吾所以殺里克者，爲疑其又將殺己，非爲誅弒君之罪，故曰「殺之不以其罪」。其「殺之不以其罪」者，亦所謂「懷惡而討」也。昭四年傳引孔子曰：「懷惡而討，雖死不服。」

其爲重耳弒，奈何？晉獻公伐虢，得麗姬，獻公私之。有二子，長曰奚齊，稚曰卓子。麗姬欲爲亂，

【集解】亂，謂殺申生而立其子。

故謂君曰：「吾夜者夢夫人趨而來曰：『吾苦畏！』

【集解】夫人，申生母。

胡不使大夫將衛士而衛冢乎？」公曰：「孰可使？」曰：「臣莫尊於世子，則世子可。」故君謂世子曰：「麗姬夢夫人趨而來曰：『吾苦畏！』女其將衛士而往衛冢乎！」世子曰：「敬諾！」築宮，宮成。麗姬又曰：「吾夜者夢夫人趨而來曰：『吾苦饑！』世子之宮已成，則何爲不使祠也？」

【補注】祠，祭也。

故獻公謂世子曰：「其祠！」世子祠。已祠，致福於君。

【補注】福，謂胙肉。祭畢，分胙肉，所以致彼祭祀之福，故曰「致福」。

君田而不在，麗姬以酖爲酒，藥脯以毒。

【補注】酖，鳥名，其羽有毒，以晝酒，飲之則死。脯，乾肉也。

獻公田來，麗姬曰：「世子已祠，故致福於君。」君將食，麗姬跪曰：

【補注】跪，拜也。

「食自外來者，不可不試也。」覆酒於地，而地賁。

【集解】賁，沸起也。

以脯與犬，犬死。麗姬下堂而啼呼曰：「天乎天乎！國，子之國也，子何遲於爲君？」君喟然歎曰：「吾與女未有過切，是何與我之深也？」

【集解】吾與女未有過差切急。

使人謂世子曰：「爾其圖之！」世子之傅里克謂世子曰：「入自明。入自明，則可以生。不入自明，則不可以生。」世子曰：「吾君已老矣，已昏矣。吾若此而入自明，則麗姬必死。麗姬死，則吾君不安。所以使吾君不安者，吾不若自死。吾寧自殺，以安吾君，以重耳爲寄矣。」

【集解】慮驪姬又譖重耳，故以託里克，使保全之。

刎脰而死。

【補注】脰，頸。中生安父而自死，其敬順事上，可以謂之「恭」矣，但其陷父於惡，不可以謂之「孝」也。

故里克所爲弒者，爲重耳也。夷吾曰：「是又將殺我也。」

【經】秋，七月。

【經】冬，大雨雪。

【補注】言「大」，則見異，非不時也。劉向以爲，先是僖公立妾爲夫人，陰居陽位，陰氣盛也。

【經】十有一年，春，晉殺其大夫丕鄭父。

【補注】丕鄭父，里克之黨。

【傳】稱國以殺，罪累上也。

【經】夏，公及夫人姜氏會齊侯于陽穀。

【經】秋，八月，大雩。

【傳】雩，月，正也。雩，得雨曰「雩」，不得雨曰「旱」。

【集解】禮，龍見而雩。常祀不書，書者，皆以旱也。故得雨則喜，以月爲正也。不得雨則書「旱」，明旱災成。何休曰：「公羊書『雩』者，善人君應變求索。不雩，則言『旱』。旱而不害物，言『不雨』也。就如穀梁，設本不雩，何以明之？如以『不雨』明之，設旱而不害物，何以別乎？」鄭君釋之曰：「『雩』者，夏祈穀實之禮也，旱亦用焉。得雨書『雩』，明雩有益。不得雨書『旱』，明旱災成，後得雨無及也。旱而不害物，固以久不雨別有不憂民事者，何乃廢禮本不雩禱哉？顧不能致精誠也。旱而不害物，國君而遭旱，雖之，文二年、十三年『自十有二月』、『自正月』『不雨，至于秋七月』是也。穀梁傳曰：『歷時而言「不雨」，文不閔雨也。』以文不憂雨，故不如僖時書『不雨』。文所以不閔雨者，素無志於民，性退弱而不明，又見時久不雨而無災耳。」

【補注】二十一年傳曰：「旱時，正也。」雩既以月爲正，而旱則以時爲正者，旱，必歷時乃成，非一月之事故。

【經】冬，楚人伐黄。

【經】十有二年，春王，正月，庚午，日有食之。

【經】夏，楚人滅黄。

【補注】楚爲黄恃於齊，不歸楚貢，故伐而滅之。

【傳】貫之盟，管仲曰：「江、黄遠齊而近楚。楚，爲利之國也，若伐而不能救，則無以宗諸侯矣。」

【集解】宗諸侯，謂諸侯宗之。

桓公不聽，遂與之盟。管仲死，楚伐江、滅黄，桓公不能救，故君子閔之也。

【集解】閔其貪慕伯者以致滅。

【經】秋，七月。

【經】冬，十有二月，丁丑，陳侯杵臼卒。

【經】十有三年，春，狄〔一〕侵衛。

〔一〕「狄」，原誤作「秋」，據各本改。

【經】夏，四月，葬陳宣公。

【經】公會齊侯、宋公、陳侯、衛侯、鄭伯、許男、曹伯于鹹。

【集解】鹹，衛地。

【傳】兵車之會也。

【經】秋，九月，大雩。

【經】冬，公子友如齊。

【經】十有四年，春，諸侯城緣陵。

【集解】緣陵，杞邑。

【補注】其所以城緣陵者，穀梁無説。公羊以爲徐、莒脅杞，國遂滅，故桓帥諸侯城焉。左氏以爲杞避淮夷，故桓帥諸侯城焉。謂之「城」者，封杞也。不發非國之問者，從二年「城楚丘」例。不言「城杞」及「遷」者，亦從其例也。

【傳】其曰「諸侯」，散辭也。

【集解】直曰「諸侯」，無小大之序，是各自欲城，無總一之者，非伯者所制，故曰「散辭」。

聚而曰「散」，何也？

【集解】據言「諸侯城」，則是聚。

「諸侯城」，有散辭也。桓德衰矣。

【集解】言「諸侯城」，則非伯者之爲，可知也。齊桓德衰，所以散也。何休曰：「案先是，盟亦言『諸侯』，非散也。又穀梁美九年『諸侯盟于葵丘』，即『散』，何以美之邪？」鄭君釋之曰：「九年『公會宰周公、齊侯、宋子、衛侯、鄭伯、許男、曹伯于葵丘』，九月戊辰『盟于葵丘』，時諸侯初在會，未有歸者，故可以不序。今此十三年夏『公會齊侯、宋公、陳侯、衛侯、鄭伯、許男、曹伯于鹹』，而『冬，公子友如齊』，此聘也，書『聘』，則會固前已歸矣。今云『諸侯城緣陵』，而不序其人，明其散，桓德衰矣。葵丘之事，安得以難此？」

【經】夏，六月，季姬及繒子遇于防，使繒子來朝。

【集解】遇，例時。此非所宜遇，故謹而月之。

【傳】「遇」者，同謀也。

【集解】魯女無故遠會諸侯，遂得淫通，此亦事之不然。左傳曰，繒季姬來寧，公怒之以繒子不朝，遇于防，而使來朝。此近合人情。

【補注】「同謀」者，言公怒繒子之不朝魯，季姬遂與繒子同謀於防，使來朝魯以安公。同謀，則志相得，故曰「遇」。

「**來朝**」**者，來請己也。**

【集解】使來朝，請己爲妻。

【補注】「來請己者」者，杜預云：「來寧不書，而後年書歸繒，更嫁之文也。明公絶繒婚，既來朝，而還。」

朝，不言「使」。言「使」，非正也。以病繒子也。

【補注】病繒子不得事大國之道，婦人使之，乃來朝。

【經】秋，八月，辛卯，沙鹿崩。

【集解】沙鹿，晉山。

【傳】林屬於山爲「鹿」。

【集解】鹿，山足。

沙，山名也。無崩道而崩，故志之也。

【補注】「無崩道而崩」者，謂無故而崩，異之也。

其日，重其變也。

【集解】劉向曰：「鹿在山下平地，臣象，陰位也。崩者，散落皆叛，不事上之象。」

【補注】劉向以爲，先是齊桓行伯道，會諸侯，事周室。管仲既死，桓德日衰，桓公不寤，天子蔽晦。及齊桓死，天下散而從楚。王札子殺二大夫，晉敗天子之師，莫能征討，從是陵遲。

【經】狄侵鄭。

【經】冬，蔡侯肸卒。

【傳】諸侯時「卒」，惡之也。

【補注】蔡侯肸父哀侯，爲楚所執，肸即是恥，不知内附中國，猶常事楚，君子惡之。惡之，則不言其正不正，故直書時爾。

【經】十有五年，春王，正月，公如齊。

【經】楚人伐徐。

【經】三月，公會齊侯、宋公、陳侯、衛侯、鄭伯、許男、曹伯盟于牡丘。

【集解】牡丘，地名。

【補注】牡丘，齊地。

【傳】兵車之會也。

【經】遂次于匡。

【集解】救徐也。時楚人伐徐。匡，衛地。

【傳】遂，繼事也。次，止也，有畏也。

【集解】畏楚。

【經】公孫敖帥師及諸侯之大夫救徐。

【集解】諸侯既盟次匡，皆遣大夫將兵救徐，故不復具列諸國。

【傳】善救徐也。

【經】夏，五月，日有食之。

【集解】夜食。

【補注】劉向以爲，象晉文公將行伯道，後遂伐衛，執曹伯，敗楚城濮，再會諸侯，召天王而朝之，此其效也。日食者，臣之惡也。夜食者，掩其罪也。以爲上無明王，桓、文能行伯道，攘夷狄，安中國，雖不正，猶可。蓋春秋實與而文不與之義也。

【經】秋，七月，齊師、曹師伐厲。

【集解】徐邈曰：「案齊桓末年，用師及會皆危之而月也。于時霸業已衰，勤王之誠替於内，震矜之容見於外，禍釁既兆，動接危理，故月。衆國之君，雖有失道，未足爲一世興衰，齊桓威攝群后，政行天下，其得失皆治亂所繫，故春秋重而詳之，録所善而著所危云爾。」

【補注】厲，楚之屬國，故伐之，爲緩楚以救徐也。

【經】八月，螽。

【傳】螽，蟲災也。甚，則月。不甚，則時。

【經】九月，公至自會。

【集解】莊二十七年傳曰：「桓會不致，安之也。」而此致者，齊桓德衰，故危而致之。

【經】季姬歸于繒。

【補注】杜預云：「來寧不書，此書者，以明中絶。」

【經】己卯，晦，震夷伯之廟。

【集解】夷，謚。伯，字。

【傳】晦，冥也。震，雷也。夷伯，魯大夫也。因此以見天子至于士，皆有廟。

【集解】明夷伯之廟過制，故因此以言禮。

天子七廟，

【集解】祭法曰：王立七廟，曰考廟、王考廟、皇考廟、顯考廟、祖考廟。有二祧。遠廟稱「祧」。

諸侯五，

【集解】曰考廟、王考廟、皇考廟、顯考廟、祖考廟。

大夫三，

【集解】曰考廟、王考廟、皇考廟。

士二。

【集解】曰考廟、王考廟。

【補注】此舉上士以言也。上士，謂大宗世嫡者。若官師中士、下士之屬，則有考廟，無王考廟。若府史庶士及庶人之屬，則無廟，唯薦於寢而已。

故德厚者流光，德薄者流卑。

【集解】雍曰：「德厚者位尊，道隆者爵重，故天子遠及七世，士祭祖而已。」

【補注】流，猶「傳」。光，言其廣遠。卑，言其微近。周書云：「大行受大名，細行受細名，行出於己，名生於人。」書云：「七世之廟，可以觀德。萬夫之長，可以觀政。」夫位由德尊，爵由道重，故自天子至於士，各有制數，亦因將勸德而誡道也。

是以貴始，德之本也。始封必爲祖。

【集解】若契爲殷祖，棄爲周祖。

【補注】始封之君謂之「祖」。禮，王者祖有功，宗有德。始封之君，功德殊著，必特尊崇，雖逾七世，廟亦不毁。不毁者，將欲常使得觀，令知可法，奮用追先也。追先，乃所以茂後，其善善相薦，故君子貴爲德本。夫追先茂後，嚴禮守中，春秋之道，盡焉爾。

【經】**冬，宋人伐曹。**

【經】**楚人敗徐于婁林。**

【集解】婁林，徐地。

【補注】昭十七年傳曰：「兩夷狄曰『敗』。」范君曰：「夷狄不能結日成陣，故曰『敗』。」亦以夷狄卑陋，不能結日成陣，故略之書時爾。

【傳】夷狄相敗，志也。

【經】十有一月，壬戌，晉侯及秦伯戰于韓，

【集解】韓，晉地。

獲晉侯。

【集解】「獲」者，不與之辭。諸侯非可相獲。

【補注】案莊十年「秋，九月，荆敗蔡師于莘，以蔡侯獻武歸」，蔡侯獲於夷狄，遂稱名以見絶。秦亦夷狄，而不絶晉侯者，爲秦本非夷狄，因事所貶之故也，非若楚之實是夷狄也。

【傳】韓之戰，晉侯失民矣。以其民未敗，而君獲也。

【補注】「民未敗」者，謂經未先言「敗績」也。案宣二年「春王，二月，壬子，宋華元帥師及鄭公子歸生帥師戰于大棘，宋師敗績，獲宋華元」，先言「宋師敗績」，然後言「獲宋華元」，范君曰：「先言『敗績』，而後言『獲』，知華元得衆心，軍敗而後見獲。晉與秦戰于韓，未言『敗績』而君已獲，知晉侯不得衆心明矣。」

【經】十有六年，春王，正月，戊申，朔，隕石于宋五。

【集解】劉向曰：「石，陰類也。五，陽數也。象陰而陽行，將致墜落。」

【補注】許慎異義載穀梁説云：「『隕石于宋五』，象宋公德劣國小，陰類也。而欲行霸道，是陰而欲陽行也。其隕，將拘執之象也。是宋公欲以諸侯行天子道也。」

【傳】先「隕」而後「石」，何也？

【集解】據莊七年「星隕如雨」先言「星」，後言「隕」。

隕，而後石也。

【集解】既隕後，乃知是石。

于宋四竟之内曰「宋」。後數，散辭也，耳治也。

【集解】隕石，記聞也。聞其磌然，視之則石，察之則五。

【補注】傳曰「散辭」者，與下傳「聚辭」相對文。「隕石于宋五」，其散在宋境，必先視彼物是石，後察彼數有五，故先言彼物，後言彼數，是散辭也。「六鷁退飛」，其聚過宋都，必先視彼數有六，後察彼物是鷁，故先言彼數，後言彼物，是聚辭也。傳曰「耳治」者，亦與下傳「目治」相對文。隕石于宋，耳先聞之，故曰「耳治」。六鷁退飛，目先見之，故曰「目治」。各以聞、見先後爲次也。

【經】是月，六鶂退飛，過宋都。

【集解】是月，隕石之月。劉向曰：「鶂，陽也。六，陰數也。象陽而陰行，必衰退。」

【補注】鄭玄云：「六鶂俱飛，得諸侯之象也。其退，示其德行不進，以致敗也。得諸侯，是陽行也。被執敗，是陰行也。」京房易傳云：「距諫自彊，茲謂卻行，厥異鶂退飛。」劉向以爲，象宋襄公欲行伯道，將自敗之戒也。襄公不寤，明年，齊桓死，宋公伐齊喪，執滕子，圍曹，爲雩之會，與楚爭盟，卒爲所執。後得反國，不悔過自責，復會諸侯伐鄭，與楚戰於泓，軍敗身傷，爲諸侯笑。

【傳】「是月」者，決不日而月也。

【集解】欲著石日鶂月，故言「是月」。若不言「是月」，則嫌與「戊申」同。

「六鶂退飛，過宋都」，先數，聚辭也，目治也。

【集解】六鶂退飛，記見也。視之則六，察之則鶂，徐而察之則退飛。

子曰：「石，無知之物。鶂，微有知之物。

【補注】凡血氣之屬皆有知，而莫過於人也。

石，無知，故日之。

【集解】石無知而隕，必天使之然，故詳而日之。

鶂，微有知之物，故月之。」

【集解】鶂或時自欲退飛耳，是以略而月之。

君子之於物，無所苟而已。石、鶂且猶盡其辭，而況於人乎？故「五石」、「六鶂」之辭不設，則王道不亢矣。

【集解】不遺微細，故王道可舉。

【補注】石、鶂至微，猶且不遺，則見君子之謹於辭令也。謹辭令者，亦將以正名也。孔子曰：「名不正，則言不順。言不順，則事不成。事不成，則禮樂不興。禮樂不興，則刑罰不中。刑罰不中，則民無所措手足。」故正名者，王道之始也。

民所聚曰「都」。

【經】三月，壬申，公子季友卒。

【傳】大夫日「卒」，正也。

【集解】季友，桓公之子。

稱「公弟叔、仲」，賢也。

【補注】傳唯敘「叔」、「仲」者，舉中以言之也。案宣十七年稱「公弟叔肸」，傳曰「賢之也」是。於此先發義者，季友亦賢故也。季友亦賢，然經不稱「公弟」，而稱「公子」者，爲時莊公已卒，因不得稱，是變文爾，其實一也。

大夫不言「公子」、「公孫」，疏之也。

【補注】禮，諸侯之子，嫡而傳世者，稱「世子」，餘則稱「公子」。公子之子，稱「公孫」。公孫之子，以其父祖之字爲氏，此親疏遠近之差也。既得氏「公子」、「公孫」，又不以「公子」、「公孫」稱之，是奪其親辭，見疏之也。若宣八年「仲遂卒于垂」，傳曰：「此公子也，其曰『仲』，何也？疏之也。」又成十五年「三月，乙巳，仲嬰齊卒」，傳曰：「此公孫也，其曰『仲』，何也？子由父疏之也。」

【經】夏，四月，丙申，繒季姬卒。

【經】秋，七月，甲子，公孫兹卒。

【傳】大夫日「卒」，正也。

【經】冬，十有二月，公會齊侯、宋公、陳侯、衛侯、鄭伯、許男、邢侯、曹伯于淮。

【傳】兵車之會也。

【經】十有七年，春，齊人、徐人伐英氏。

【補注】英氏，楚之與國。其稱「氏」者，蓋黜之，使若不成國也。何休云：「春秋前黜稱『氏』也。」

【經】夏，滅項。

【傳】孰滅之？桓公也。何以不言桓公也？

【集解】據莊十年「齊師滅譚」稱「齊師」。

爲賢者諱也。項，國也。

【補注】項，楚之國屬也。

不可滅而滅之乎？桓公知項之可滅也，

【集解】知政昏亂，易可滅。

而不知己之不可以滅也。

【集解】霸者存恤鄰國，抑彊輔弱，義不可滅人之國。

既滅人之國矣，何賢乎？君子惡惡，疾其始，

【集解】絶其始，則得不終於惡。邵曰：「謂疾其初爲惡之事，不終身疾之。」

善善，樂其終。

【集解】樂賢者終其行也。邵曰：「謂始有善事，則終身善之。」

桓公嘗有存亡繼絶之功，故君子爲之諱也。

【集解】邵曰：「『存亡』，謂存邢、衛。『繼絶』，謂立僖公。所以終其善。」

【經】秋，夫人姜氏會齊侯于卞。

【集解】卞，魯地。

【經】九月，公至自會。

【集解】桓會不致，而今致會，桓公德衰，威信不著，陳列兵車，又以滅項，往會既非，踰年乃反，故往、還皆月以危之。

【經】冬，十有二月，乙亥，齊侯小白卒。

【傳】此不正，其日之，何也？

【集解】據二十四年「晉侯夷吾卒」不書日。

其不正，前見矣。其不正之前見，何也？以不正入虚國，故稱「嫌」焉爾。

【集解】莊九年「齊小白入于齊」，貶不稱「公子」。虚國，謂齊無君。傳例曰，以國氏者，嫌也。

【經】十有八年，春王，正月，宋公、曹伯、衛人、邾人伐齊。

【傳】非伐喪也。

【集解】伐喪無道，故謹而月之。

【經】夏，師救齊。

【集解】魯師。

【傳】善救齊也。

【經】五月，戊寅，宋師及齊師戰于甗，齊師敗績。

【集解】甗，齊地。

【傳】「戰」不言「伐」。

【補注】義詳莊二十八年。

客不言「及」。

【補注】齊、宋皆以「師」戰，是兩相敵也。戰既在齊，則齊主宋客，宜從常例，以主及客，以齊及宋也。今反以宋及齊，是以客及主，非常例也，故傳申之。

言「及」，惡宋也。

【集解】何休曰：「戰言『及』者，所以别客主直不直也。故文十二年『晉人、秦人戰于河曲』，兩不直，故不云『及』。今宋言『及』，明直在宋，非所以惡宋也。即言『及』爲惡，是河曲之戰爲兩善乎？又穀梁以河曲不言『及』，略之也。則自相反矣。」鄭君釋之曰：「『及』者，别異客主耳，不施於直與不直也。直不直，自在事而已。義兵，則客直，宣十二年夏『晉荀林父帥師及楚子戰于邲，晉師敗績』是也。兵不義，則主人直，莊二十八年春『衛人及齊人戰，衛人敗績』是也。今齊桓卒，未葬，宋襄欲興霸事而伐喪，於禮尤反，故反其文，以宋及齊。即實以宋及齊，明直在宋。邲之戰，直在楚，不以楚及晉，何邪？秦、晉戰于河曲，不言『及』，疾其亟戰，爭舉兵，故略其先後。」

【經】狄救齊。

【傳】善救齊也。

【經】秋，八月，丁亥，葬齊桓公。

【集解】豎刁、易牙爭權，五公子爭立，故危之。

【經】冬，邢[一]人、狄人伐衛。

【傳】狄其稱「人」，何也？善累，而後進之。

【集解】累，積。

【補注】夏已救齊，此冬再救，是善累也，故進之稱「人」。

伐衛，所以救齊也。

【集解】何休曰：「即伐衛救齊，當兩舉，如『伐楚救江』矣。又傳以爲江遠楚近，故伐楚救江。今狄亦近衛而遠齊，其事一也，義異何也？」鄭君釋之曰：「文三年冬『晉陽處父帥師伐楚救江』，兩舉之者，以晉未有救江文，故明言之。今此春『宋公、曹伯、衛人、邾人伐齊』，夏『狄救齊』，『冬，邢人、狄人伐衛』，爲其救齊可知，故省文耳。事同，

〔一〕「邢」，原誤作「郱」，各本並集解皆作「邢」，據改。

義又何異?」

功近而德遠矣。

【集解】伐衛,功近耳。夷狄而憂中國,其德遠也。

卷九

【經】十有九年，春王，三月，宋人執滕子嬰齊。

【補注】昭四年范君曰：「稱『人』以執，執有罪。」春秋之義，諸侯不得私相治，故諸侯相執，以衆辭言之稱「人」者，是稱其公義，明執有罪也。案春秋，執諸侯，例不名。此嬰齊稱名者，蓋罪在當惡故也。何休云：「名者，著葵丘之會叛天子命者也。」執，例時。此月者，何休以爲不以其罪執之，乃妄執之，故月以責録之。

【經】夏，六月，宋公、曹人、邾人盟于曹南，

【集解】曹南，曹之南鄙。

繒子會盟于邾。己酉，邾人執繒子，用之。

【傳】微國之君，因邾以求與之盟。

【集解】與，厠豫也。

人因己以求與之盟，己迎而執之，惡之，故謹而日之也。

【補注】惡其祭用人，故日。

「用之」者，叩其鼻以衈社也。

【集解】「衈」者，釁也。取鼻血以釁祭社器。

【經】秋，宋人圍曹。

【經】衛人伐邢。

【經】冬，會陳人、蔡人、楚人、鄭人盟于齊。

【集解】會無主名，内卑者也。四國稱「人」，外卑者也。杜預曰：「地於齊，齊亦與盟。」

【經】梁亡。

【補注】秦滅之也。

【傳】自亡也。

【補注】「亡」之言，上下背亡，不相救也，其道自取之。義適與莊四年紀侯言「大去」互見。

湎於酒，淫於色，心昏，耳目塞。上無正長之治，大臣背叛，民爲寇盜。「梁亡」，自亡也。如加力役焉，湎不足道也。

【集解】如使伐之而滅亡，則淫湎不足記也。使其自亡，然後其惡明。

【補注】此申經所以不言秦滅之者。

「梁亡」、「鄭棄其師」，我無加損焉，正名而已矣。

【補注】加損，謂所改脩舊史者。孔子脩春秋，有改脩舊史，以見其褒貶者，若爲齊桓諱滅項之類。有因循舊史，以遂其善惡者，若「梁亡」、「鄭棄其師」之類。以是因循舊史，故曰「我無加損焉，正名而已矣」。

「梁亡」，出惡正也。

【集解】正，謂政教。

「鄭棄其師」，惡其長也。

【集解】長，謂高克。

【經】二十年，春，新作南門。

【傳】作，爲也。有加其度也。

【集解】更加使大。

言「新」，有故也。非作也。

【集解】責其改舊制，

南門者，法門也。

【集解】法門，謂天子諸侯，皆南面而治，法令之所出入，故謂之「法門」。

【經】夏，郜子來朝。

【經】五月，乙巳，西宮災。

【傳】謂之「新宮」，則近爲禰宮。

【集解】言閔公非僖公之父，故不言「新宮」也。

以謚言之，則如疏之然。

【集解】故不言「閔宮」，而云「西宮」。

以是爲閔宮也。

【補注】其若禰宮，則當言「新宮」。其若疏祖之宮，則當言謚。此言「西宮」，是在親疏之閒，故知爲閔宫也。

【經】鄭人入滑。

【經】秋，齊人、狄人盟于邢。

【補注】外盟不日，此又不月者，蓋與夷狄盟，故更略之也。

【傳】邢爲主焉爾。

【補注】邢爲盟主。

邢小，其爲主，何也？其爲主乎救齊。

【集解】十八年「邢人、狄人伐衛」，以救齊是也。

【經】冬，楚人伐隨。

【傳】隨，國也。

【補注】姬姓，楚之屬國也。

【經】二十有一年，春，狄侵衛。

【補注】復稱「狄」者，以侵中國，故反其狄道也。

【經】宋人、齊人、楚人盟于鹿上。

【集解】宋爲盟主，故序齊上。鹿上，宋地。

【經】夏，大旱。

【傳】旱，時，正也。

【集解】傳例曰，得雨曰「雩」，不得雨曰「旱」。

【經】秋，宋公、楚子、陳侯、蔡侯、鄭伯、許男、曹伯會于雩，執宋公以伐宋。

【集解】雩，宋地。雩，或爲「宇」。

【補注】楚稱「子」者，始與中國行會禮，故進之也。夷狄之進，雖大稱「子」。

【補注】楚執之也，事在二十二年傳。不言楚執者，不與夷狄執中國。

【傳】「以」，重辭也。

【集解】傳例曰，「以」者，不以者也。此傳及定七年「齊人執衛行人北宫結以侵衛」，傳皆曰：「『以』，重辭也。」然則「以」有二義矣。國之所重，故曰「重辭」。

【經】冬，公伐邾。

【經】楚人使宜申來獻捷。

【集解】楚稱「人」者，爲執宋公貶。

【補注】言「使」，則知是楚子。不於會雩貶，於此貶者，君子無以人之惡隱人之善，亦無以人之善隱人之惡也。曲禮云：「愛而知其惡，憎而知其善。」宜申，名也。稱「宜申」者，義與文九年稱「萩」同。

【傳】捷，軍得也。其不曰「宋捷」，何也？

【集解】據莊三十一年「齊侯來獻戎捷」。

不與楚捷於宋也。

【集解】不以夷狄捷中國。

【經】十有二月，癸丑，公會諸侯盟于薄。

【集解】會雩之諸侯。

【傳】「會」者，外爲主焉爾。

【經】釋宋公。

【補注】此接上經「公會諸侯盟于薄」。

【傳】外釋，不志。此其志，何也？以公之與之盟，目〔一〕之也。不言「楚」，不與楚專釋也。

【集解】何休曰：「春秋以執之爲罪，不以釋之爲罪。責楚子專釋，非其理也。公羊以爲公會諸侯釋之，故不復出『楚』耳。」鄭君釋之曰：「『不與楚專釋』者，非以責之也。傳云『外釋不志。此其志，何也？以公之與之盟目之也』，言公與諸侯盟而釋宋公，公有功焉，與公羊義無違錯。」

【經】二十有二年〔二〕，春，公伐邾，取須句。

【經】夏，宋公、衞侯、許男、滕子伐鄭。

【經】秋，八月，丁未，及邾人戰于升陘。

【集解】升陘，魯地。

〔一〕「目」，原誤作「日」，據集解引鄭説，當作「目」，據改。

〔二〕「二十有二年」，原本脱「有」字，據鍾本補。

【傳】内諱「敗」，舉其可道者也。不言其人，以吾敗也。不言及之者，爲内諱也。

【補注】義詳桓十七年。

【經】冬，十有一月，己巳，朔，宋公及楚人戰于泓，宋師敗績。

【補注】春秋不以夷狄直「敗」中國，故先言「戰」。宣十二年「夏，六月，乙卯，晉荀林父帥師及楚子戰于邲，晉師敗績」，亦如之。泓，宋邊境水名也。

【傳】日事，遇朔曰「朔」。春秋三十有四戰，未有以尊敗乎卑，以「師」敗乎「人」者也。以尊敗乎卑，以「師」敗乎「人」，則驕其敵。襄公以「師」敗乎「人」，而不驕其敵，何也？責之也。泓之戰，以爲復雩之恥也。

【集解】前年，宋公爲楚所執。

雩之恥，宋襄公有以自取之。伐齊之喪，執滕子，圍曹，爲雩之會，不顧其力之不足，而致楚成王，成王怒而執之。故曰，禮人而不答，則反其敬。愛人而不親，則反其仁。治人而不治，則反其知。過而不改，又之，

【集解】又，復。

是謂之「過」。襄公之謂也。古者，被甲嬰冑，

【補注】嬰，繫。冑，兜鍪也。

非以興國也，

【補注】言以爲邦國之衛。

則以征無道也。

【補注】言以爲王道之衛。

豈曰以報其恥哉？

【補注】春秋雖大復讎，然亦小報恥。讎因外來，人所加我，非能禮禦，故有可復之理。恥必自取，人而知禮，恥何由生？故無可報之理，報則必於己。以讎作恥，失之懦。以恥作讎，失之殘。故大復讎者，所以登公義而黜苟免。小報恥者，所以賤私志而貴禮法。直大復讎，則小人縮而亂家邦。直小報恥，則君子屈而萎身命。伯者其怒，牽鉤天下，故凡有所討，必先叩諸兩端，竭諸一中，正而又正，然後能爲伯道矣。孔子曰：「君子義以爲上。君子有勇而無義爲亂，小人有勇而無義爲盜。」襄公有勇無義，剛褊冒焉，庸得其爲伯者乎？故君子之於春秋，既見其大，復觀其小，既取其顯，復探其微，兩的中確，於是疑獄可決，而臧否可判也。

宋公與楚人戰于泓水之上，司馬子反曰：「楚衆我少，鼓險而擊之，勝無幸焉。」

【集解】若要而擊之，必可破，非僥倖也。

襄公曰：「君子不推人危，不攻人厄，須其出。」

【集解】須其出險。

【補注】須，待也。

既出，旌亂於上，陳亂於下。子反曰：「楚衆我少，擊之，勝無幸焉。」襄公曰：「不鼓不成列。」

【集解】列，陳。

須其成列，而後擊之，則衆敗而身傷焉，七月而死。

【集解】何休曰：「即宋公身傷，當言『公』，不當言『師』，成十六年『楚子敗績』是也。又成十六年傳曰：『不言「師」，「君」重于「師」也。』即成十六年是，二十二年虛言也。即二十二年是，十六年非也。」鄭君釋之曰：「傳説『楚子敗績』，曰『四體偏斷，此則目也』，此言君之目與手足有破斷者，乃爲『敗』矣。今宋襄公身傷耳，當持鼓軍事，無所害而師猶敗，故不言『宋公敗績』也。傳所以言『則〔一〕衆敗身傷焉』者，疾其信而不道，以取大辱。」

倍則攻，敵則戰，少則守。人之所以爲人者，言也。人而不能言，何以爲人？

【補注】人以教成，教以言傳。失言，則教不傳而人不成。

言之所以爲言者，信也。言而不信，何以爲言？

【補注】言以信從。失信，則言不從。

信之所以爲信者，道也。信而不道，何以爲道？道之貴者時，其行勢也。

【集解】凱曰：「道有時，事有勢，何貴於道？貴合於時。何貴於時？貴順於勢。宋公守匹夫之狷介，徒蒙耻於夷狄，焉識大通之方、至道之術哉？」

【補注】信以道立，道以信行。不以道立信者，信亦亡，道亦亡。孔子曰：「天之所助者，順也。人之所助者，信也。履信思乎順，又以尚賢也，是以自天祐之，吉無不利也。」

〔一〕「則」，原誤作「敗」。「敗」字於此不通，當從傳作「則」，據鍾本改。

【經】二十有三年，春，齊侯伐宋，圍閔。

【傳】伐國，不言圍邑。此其言「圍」，何也？不正其以惡報惡也。

【集解】前十八年宋伐齊之喪，是惡也。今齊乘勝而報，是以惡報惡也。

【經】夏，五月，庚寅，宋公茲父卒。

【集解】桓公之子襄公。

【傳】茲父之不「葬」，何也？失民也。其失民，何也？以其不教民戰，則是棄其師也。

【補注】既不知兵，又不用賢，愎而趨民於死地，是謂棄之也。

爲人君，而棄其師，其民孰以爲君哉？

【集解】何休曰：「所謂『教民戰』者，習之也。春秋貴偏戰，而惡詐戰。宋襄公所以敗于泓者，守禮偏戰也，非不教其民也。孔子曰：『君子去仁，惡乎成名？造次必於是，顛沛必於是。』未有守正以敗而惡之也。公羊以爲不書『葬』，爲襄公諱背殯出會，所以美其有承齊桓尊周室之美志。」鄭君釋之曰：「教民習戰而不用，是亦不教也。詐戰，謂不期也。既期矣，當觀敵爲策，倍則攻，敵則戰，少則守。今宋襄公于泓之戰違之，又不用其臣之謀而敗。故徒善不用賢良，不足以興霸王之功。徒信不知權譎之謀，不足以交鄰國、會遠疆。故易譏鼎折足，詩刺不用良，此説善也。」

【經】秋，楚人伐陳。

【經】冬，十有一月，杞子卒。

【集解】莊二十七年稱「伯」，今稱「子」，蓋爲時王所黜。

【補注】不稱名者，亦同「宿男」例。

【經】二十有四年，春王，正月。

【經】夏，狄伐鄭。

【經】秋，七月。

【經】冬，天王出居于鄭。

【集解】襄王也。天子以天下爲家，故所在稱「居」。

【傳】天子無「出」。「出」，失天下也。

【集解】王者無外。言「出」，則有「外」之辭。江熙曰：「天子必巡守然後行，故河陽之守，全天王之行也。平王東遷，其詩不能復雅而列爲國風。襄王奔鄭，不得全天王之行則與諸侯不異，故書『出』也。夫子祖述堯舜，憲章文武，斯文是作，不以道假人，傳言『失天下』，闕然如有未備。」

【補注】「出居」者，出奔居鄭也。王者至尊無敵，雖出奔居外，亦因其居而王之，莫敢代也。故天王雖奔不名，尊其至尊，弗使失天下也。經尊天王，弗使失天下，而傳反以「失天下」言之者，爲天王之所以出奔申義爾。王者出奔，必自否德，故出奔矣。夫王者，天下所歸往也。王者否德，則天下將離散，故傳申之，儆王道也。

「居」者，居其所也。雖失天下，莫敢有也。

【集解】邵曰：「雖實出奔，而王者無外，王之所居，則成王畿，鄭不敢有之以爲國。」

【經】晉侯夷吾卒。

【集解】傳曰，諸侯時「卒」，惡之。不「葬」[一]，篡文公而立，失德。

［一］原本「不葬」上衍「出」字，據鍾本删。

【經】二十有五年〔一〕，春王，正月，丙午，衛侯燬滅邢。

【傳】燬之名，何也？

【集解】據宣十二年「楚子滅蕭」不名。

不正其伐本而滅同姓也。

【集解】絶先祖支體尤重，故名以甚之。

【補注】案邢是中國，與衛並姬姓也。

【經】夏，四月，癸酉，衛侯燬卒。

【經】宋蕩伯姬來逆婦。

【集解】伯姬，魯女，爲宋大夫蕩氏妻也。自爲其子來迎婦。

【傳】婦人既嫁，不踰竟。「宋蕩伯姬來逆婦」，非正也。

【補注】自宋來魯，是踰境也。

其曰「婦」，何也？緣姑言之之辭也。

〔一〕「二十有五年」，原本脱「有」字，據鍾本補。

【補注】姑，謂宋蕩伯姬也。女子對姑稱「婦」，今姑自來逆，故直曰「婦」。

【經】宋殺其大夫。

【傳】其不稱名姓，以其在祖之位，尊之也。

【補注】祖，謂孔父。

【集解】何休曰：「『曹殺其大夫』，亦不稱名姓，豈可復以爲祖乎？」鄭君釋之曰：「宋之大夫盡名姓。禮，公族有罪，刑于甸師氏，不與國人，慮兄弟也，所以尊異之。孔子之祖孔父，累於宋殤公而死，今骨肉在其位而見殺，故尊之，隱而不忍稱名氏。若罪大者，名之而已，使若異姓然，此乃祖之疏也。『曹殺其大夫』，自以無大夫，不稱名氏耳。春秋辭同事異者甚多，隱去『即位』以見讓，莊去『即位』爲繼弑，是復可以比例非之乎！」

【經】秋，楚人圍陳，納頓子于頓。

【傳】「納」者，内弗受也。

【補注】陳不受也。

圍，一事也；納，一事也，而遂言之，

【集解】怪其異事，而辭相連，有似「遂」事之辭。

蓋納頓子者，陳也。

【集解】圍陳，使納頓子。

【補注】頓與陳爲鄰，頓子迫於陳，而出奔楚。楚欲樹黨，故因以圍陳，脅陳使納頓子也。

【經】葬衛文公。

【經】冬，十有二月，癸亥，公會衛子、莒慶盟于洮。

【集解】衛稱「子」，在喪。洮，魯地。

【傳】莒無大夫，其曰「莒慶」，何也？以公之會目之也。

【集解】小國無大夫，以公與會，故進之。時有衛子，則無敵公之嫌。

【經】二十有六年，春王，正月，己未，公會莒子、衛甯速盟于向。

【集解】向，莒地。

【傳】公不會大夫，其曰「甯速」，何也？以其隨莒子，可以言「會」也。

【經】齊人侵我西鄙，公追齊師至巂，弗及。

【補注】巂，齊地。

【傳】人，微者也。侵，淺事也。公之追之，非正也。

【補注】言「人」，則將卑師少。言「侵」，則力淺役薄。君將，必以師出。以君之尊，師之衆，反敵其卑少，追其淺薄，嫌公自輕，失所矜尚，故曰「非正」也。案莊十八年「夏，公追戎于濟西」，亦公自追之，而傳不曰「非正」者，以時戎兵大有徒衆，非若此之淺也。

「至巂」，急辭也。

【集解】以急辭言之，明不至巂。

【補注】凡語有緩急，氣有舒促，以「公追齊師」下直接「至巂」，語氣急促，故曰「急辭」也。

「弗及」者，弗與也，可以及，而不敢及也。

【集解】弗與戰也。

【集解】畏齊師。

其侵也曰「人」，其追也曰「師」。以公之弗及，大之也。

【集解】大之，謂變「人」言「師」。

【補注】公即淺事，而追卑者，畏不敢及，恥將大矣。故因巂是齊地，特變「人」言「師」，見齊將深有徒衆，伏以待魯，遂得其可畏之道，恥乃殺也。

「弗及」，內辭也。

【集解】「弗及」者，若曰我自不及耳，非齊不可及。

【經】夏，齊人伐我北鄙。

【經】衛人伐齊。

【經】公子遂如楚乞師。

【傳】「乞」，重辭也。

【集解】雍曰：「人道施而不有，讓而不取，故以『乞』爲重。」

何重焉？重人之死也。非所乞也。師出，不必反；戰，不必勝，故重之也。

【經】秋，楚人滅夔，以夔子歸。

【傳】夔，國也。不日，微國也。

【補注】夔，夷狄微國，楚之屬也，故不日而時。

「以歸」，猶愈乎「執」也。

【經】冬，楚人伐宋，圍閔。

【傳】伐國，不言圍邑。此其言「圍」，何也？以吾用其師，目其事也，非道用師也。

【集解】楚人出師，爲魯伐齊，而中道以伐宋，故「伐」、「圍」兼書，所以責楚。

【經】公以楚師伐齊，取穀。

【傳】「以」者，不以者也。民者，君之本也。使民以其死，非其正也。

【集解】雍曰：「兵，不祥之器，不得已而用之，安有驅民于死地，以共假借之役乎？」

【經】公至自伐齊。

【傳】惡事不致。此其致之，何也？危之也。

【集解】以蠻夷之師伐鄰近大國，招禍深怨，危亡之道。

【經】二十有七年，春，杞子來朝。

【經】夏，六月，庚寅，齊侯昭卒。

【經】秋，八月，乙未，葬齊孝公。

【經】乙巳，公子遂帥師入杞。

【經】冬，楚人、陳侯、蔡侯、鄭伯、許男圍宋。

【傳】「楚人」者，楚子也。其曰「人」，何也？「人」楚子，所以「人」諸侯也。其「人」諸侯，何也？不正其信夷狄而伐中國也。

【集解】何休曰：「哀元年『楚子、陳侯、隨侯、許男圍蔡』，不稱『人』，明不以此故也。」鄭君釋之曰：「時晉文爲賢伯，故譏諸侯不從而信夷狄也。哀元年時無賢伯，又何據而當貶之邪？」甯謂，定、哀之世，楚彊盛，故諸侯不得不從耳。江熙曰：「夫屈信理對，言信，必有屈也。宋、楚戰于泓，宋以信義而敗，未有闕也。楚復圍之，我三人行，必有我師，諸侯不能以義相帥，反信楚之曲，屈宋之直，是義所不取。信曲屈直，猶不可，況乃華夷乎？楚以亡義見貶，則諸侯之不從，不待貶而見也。然則四國信楚而屈宋，春秋屈其信而信其屈，貶楚子于兵首，則彼碌碌者，以類〔一〕見矣，故曰：『「人」楚

〔一〕「類」，原誤作「期」，據鍾本及四庫本改。

子，所以「人」諸侯。』」

【經】十有二月，甲戌，公會諸侯盟于宋。

【集解】地以宋者，則宋得與盟，宋圍解可知。

【經】二十有八年，春，晉侯侵曹，晉侯伐衛。

【傳】再稱「晉侯」，忌也。

【集解】鄭嗣曰：「曹、衛並有宿怨于晉，君子不念舊惡，故再稱『晉侯』以刺之。」

【補注】案常例，晉侯侵曹伐衛，是一事而相繼者，當言「晉侯侵曹，遂伐衛」，若襄二十三年「秋，齊侯伐衛，遂伐晉」。

【經】公子買戍衛，不卒戍，刺之。

【集解】刺，殺也。内諱殺大夫，故謂之「刺」。蓋取周禮三刺之法。

【補注】衛，楚之婚姻。晉伐衛，魯欲與楚，故命公子買戍衛，買不終其事，遂殺之。

【傳】先名，後「刺」，殺有罪也。公子啓曰：「不卒戍者，可以卒也。可以卒而不卒，譏在公子也。刺之，可也。」

【集解】公子啓，魯大夫。

【補注】「公子啓曰」云云者，猶襄二十三年傳曰：「蘧伯玉曰：『不以道事其君者，其出乎！』」皆引時人語也。可以卒而不卒者，是棄君命也。

【經】楚人救衛。

【經】三月，丙午，晉侯入曹，執曹伯，畀宋人。

【補注】其日，爲「入」。

【傳】「入」者，内弗受也。日「入」，惡入者也。以晉侯而斥「執曹伯」，惡晉侯也。

【集解】惡其忌怨深。

畀，與也。其曰「人」，何也？不以晉侯「畀」宋公也。

【集解】「畀」，上與下之辭，故不以侯「畀」公。哀四年夏「晉人執戎蠻子赤，歸于楚」，使楚子治其罪。今執曹伯，不言「歸于宋」，而言「與宋人」者，是使宋公拘執之。

【經】夏，四月，己巳，晉侯、齊師、宋師、秦師及楚人戰于城濮，楚師敗績。

【補注】成十二年傳曰：「中國與夷狄不言『戰』，皆曰『敗』之。」此則言「戰」言「敗」者，文公一戰勝楚，遂主夏盟，故詳目之，左傳所謂「一戰而霸」是也。

【經】楚殺其大夫得臣。

【補注】楚令尹子玉也。得臣，其名。楚無大夫，而曰「殺其大夫」者，與文十年「楚殺其大夫宜申」同。

【經】衛侯出奔楚。

【補注】衛成公鄭也。晉文公討不服，衛成公恃楚而不從，聞楚師敗於城濮，乃懼，逃奔楚，使元咺奉弟叔武以立。其不名者，叔武攝，猶追奉鄭，則鄭未遽失國也。

【經】五月，癸丑，公會晉侯、齊侯、宋公、蔡侯、鄭伯、衛子、莒子盟于踐土。

【集解】衛稱「子」者，時衛侯出奔，國更立君，非王命所加，未成君，故曰「子」。踐土，鄭地。

【補注】「衛子」者，衛成公弟叔武也。案左傳，己酉，王賜命，受弓矢，癸丑，盟于踐土，晉文由是伯。

【傳】諱會天王也。

【集解】實會天王，而文不言「天王」，若諸侯自共盟然，是諱之也，所謂「譎而不正」。

【補注】天子，天下之至尊也。晉以諸侯而致天子，殊非正矣，故隱之不言「天王」，所以爲至尊者諱之也。

【經】陳侯如會。

【補注】此接上經「盟于踐土」。

【傳】「如會」，外乎會也，於會受命也。

【集解】外乎會，不及序也。受命于會，故書「如會」。

【經】公朝于王所。

【補注】所，猶「處」也。

【傳】朝不言所。言所者，非其所也。

【集解】非京師朝。

【補注】禮，諸侯朝天子，必於京師於廟，若天子巡守，則各朝於方嶽。以其皆有常所，故不待言之。此特言「王所」，則知非常所也。

【經】六月，衛侯鄭自楚復歸于衛。

【傳】「自楚」，楚有奉焉爾。「復」者，復中國也。

【集解】中國，猶「國中」也。

「歸」者，歸其所也。鄭之名，失國也。

【補注】歸稱名者，案左傳，衛成公奔楚，使元咺奉叔武以守。或譖元咺於成公，曰：「咺立叔武矣。」公殺咺子角。將歸，又疑叔武，乃先期入。叔武將沐，聞君至，喜，捉髮走出，公之前驅射殺之，元咺出奔晉。因以見叔武之殺，元咺之訟，皆由成公聽譖不義爾。故成公於此「復歸」，及下三十年「歸」，皆稱名，見雖歸之，然以聽譖不義，失其得國之道也。

【經】衛元咺出奔晉。

【經】陳侯款卒。

【經】秋，杞伯姬來。

【集解】莊公女，來歸寧。

【經】公子遂如齊。

【集解】聘也。

【經】冬，公會晉侯、宋公、蔡侯、鄭伯、陳子、莒子、邾子、秦人于温。

【集解】陳稱「子」，在喪也。

【補注】温，晉地。

【傳】諱會天王也。

【集解】復致天子。

【經】天王守于河陽。

【集解】河陽，晉地。

【傳】全天王之行也。

【集解】時實晉文公召王。以臣召君，不可以訓。因天子有巡守之禮，故以自行爲文。爲若將守，而遇諸侯之朝也。爲天王諱也。水北爲「陽」，山南爲「陽」。温，河陽也。

【集解】日之所昭曰「陽」。

【補注】温邑在河之陽。

【經】壬申，公朝於王所。

【傳】朝於廟，禮也。於外，非禮也。

【集解】諸侯朝王，王必於宗廟受之者，蓋欲尊祖禰，共其榮。

獨公朝與？諸侯盡朝也。其日，以其再致天子，故謹而日之。主善以内，目惡以外。

【集解】主善以内，謂公朝于王所。目惡以外，言再致天子。

言曰「公朝」，逆辭也，而尊天子。

【集解】鄭嗣曰：「若公朝于廟，則當言『公如京師』，而今言『公朝』，是逆常之辭。雖逆常，而曰公朝王所，是尊天子。」

「會于温」，言小諸侯。温，河北地，以「河陽」言之，大天子也。

【集解】温、河陽同耳。小諸侯，故以一邑言之。尊天子，故以廣大言之。

【補注】以「温」言之，則若限以一邑。以「河陽」泛言之，則若廣大無際矣。

日繫於月，月繫於時。「壬申，公朝于王所」，其不月，失其所繫也。以爲晉文公之行事爲已傎矣。

【集解】以臣召君，傎倒上下。日不繫於月，猶諸侯不宗於天子。

【補注】案僖五年傳於齊桓曰「變之正」，於此晉文曰「已傎矣」者，凡有權變，可得以再復禮，則爲正，齊桓是也。不得以再復禮，則爲譎，晉文是也。正之與譎，其術雖同，而道異矣。孔子曰：「晉文公譎而不正，齊桓公正而不譎。」

【經】晉人執衛侯，歸之于京師。

【補注】溫之會，衛侯與元咺訟，不勝，故晉侯執之，歸之于京師。

【傳】此入而執，其不言「入」，何也？不外王命於衛也。

【集解】「入」者，自外來。伯者以王命討衛，衛，王之土，故曰「不外王命」。

「歸之于京師」，緩辭也，斷在京師也。

【集解】辭間容「之」，故言「緩」。

【補注】「之」，是句中助詞，所以緩和語氣者，故爲「緩辭」。案成十五年「晉侯執曹伯，歸于京師」，傳曰：「不言『之』，急辭也，斷在晉侯也。」是不言「之」，則見語氣急促，故爲「急辭」。緩辭與急辭，相對成文。經以緩辭，明專屬天子。以急辭，明雖屬天子，已猶制之也。哀七年范君曰：「夫諸侯有罪，伯者雖執，猶以歸于京師。」是天子爲天下朝覲訟獄所歸也。

【經】衛元咺自晉復歸于衛。

【補注】元咺與衛侯訟，既勝而歸。

【傳】「自晉」，晉有奉焉爾。「復」者，復中國也。「歸」者，歸其所也。

【補注】案「復歸」，是諸侯辭。元咺，大夫也。大夫言「復歸」，與諸侯同辭者，蓋晉爲之請乎王命而歸之，故特以「復歸」言，見通達王命爾。

【經】諸侯遂圍許。

【集解】會温諸侯。許比再會不至，故共圍之。

【傳】遂，繼事也。

【集解】繼事，會于温，而圍許。

【經】曹伯襄復歸于曹。

【集解】三月爲晉侯所執，今方歸。

【傳】「復」者，復中國也。天子免之，因與之會。其曰「復」，通王命也。

【集解】免之于宋，身未反國，因會于許，即從反國之辭，通王命。

【補注】案「復」是返國之辭，今曹伯未返，而遽曰「復」者，以王命無所不通，故不限也。既通王命，猶稱名者，見雖通王命，亦不失其罪也。何休以爲名者，刺天子歸有罪。

【經】遂會諸侯圍許。

【補注】此接上經「曹伯襄復歸于曹」。

【傳】遂，繼事也。

【經】二十有九年，春，介葛盧來。

【傳】介，國也。葛盧，微國之君，未爵者也。其曰「來」，卑也。

【補注】案莊五年郳黎來及二十三年蕭叔，同是微國之君未爵命者，而皆言「朝」，見卑國亦得行朝禮。此介葛盧不言「朝」，蓋以其朝禮不足，故卑之曰「來」，若不得行朝禮也。

【經】公至自圍許。

【經】夏，六月，公會王人、晉人、宋人、齊人、陳人、蔡人、秦人盟于翟泉。

【集解】翟泉，某地。

【補注】翟泉，蓋即昭二十三年「狄泉」。

【經】秋，大雨雹。

【集解】「雹」者，陰脅陽、臣侵君之象。陽氣之在水雨則温熱，陰氣薄而脅之，不相入，轉而成雹。

【補注】大戴禮曾子天圓：「陽之專氣爲『雹』，陰之專氣爲『霰』。霰、雹者，一氣之化也。」春秋不書靁者，猶不書月食也。劉向以爲，僖公末年，信用公子遂，遂專權自恣，將至於殺君，故陰脅陽之象見。僖公不寤，遂終專權，後二年殺子赤，立宣公。

【經】冬，介葛盧來。

【經】三十年，春王，正月。

【經】夏，狄侵齊。

【經】秋，衛殺其大夫元咺，

【傳】稱國以殺，罪累上也，以是爲訟君也。

【集解】元咺訟君之罪于伯者，君忌之，使人殺之，而後入。案宣九年「陳殺其大夫泄冶」，傳曰：「稱國以殺其大夫，殺無罪也。」此傳曰：「稱國以殺，罪累上也。」凡稱國以殺大夫，或殺無罪，或罪累上，參互不同，略當近半。然則「稱國以殺」有二義。泄冶忠賢，而君殺之，是君無道也。衛侯雖有不德，臣無訟君之道，元咺之罪，亦已重矣。然君子之道，譬之于射，失諸正鵠，反求諸身，衛侯不思致訟之愆、躬自厚之義，過而不改，而又怨忌，上下皆失，故曰「罪累上」。

【補注】案王制，凡聽訟，必原父子之親，立君臣之義，以權之也。今衛侯既罪，而元咺以臣訟君，亦不在權數矣。

衛侯在外，其以累上之辭言之，何也？待其殺，而後入也。

【補注】案春秋，凡累上之辭，皆見有君在。今衛侯鄭在外不見，猶得以累上之辭言之者，衛侯鄭執於晉，既釋將歸，乃恨元咺之訟己，於是乎先使殺元咺，然後入國。則咺之所以見殺者，緣其訟君，而其所以訟君者，緣君不義，故得以累上之辭言之也。

【經】及公子瑕。

【補注】此接上經「衛殺其大夫元咺」。

【傳】公子瑕，累也。

【補注】連累之也。案左傳，元咺既歸於衛，乃立公子瑕。

以尊「及」卑也。

【補注】瑕雖立，實不成君，經亦不以爲君，故猶以咺「及」瑕也。瑕之不成君，義與王子朝同。

【經】衛侯鄭歸于衛。

【集解】徐邈曰：「凡出奔歸月，執歸不月者，奔[一]，則國更立主，若故君還入，必有戰爭禍害，所以謹其文。『執』者，罪名未定，其國猶追奉之，歸無犯害，故例不月。」

【補注】歸不言「復」，爲是自京師歸也。京師，王土也。「復」之言，復中國也。普天之下，莫非王土。春秋尊内京師，故諸侯凡自京師歸，其固無所以言「復」者。

【經】晉人、秦人圍鄭。

【經】介人侵蕭。

【經】冬，天王使宰周公來聘。

【傳】天子之宰，通於四海。

【經】公子遂如京師，遂如晉。

【傳】以尊「遂」乎卑，此言不敢叛京師也。

【集解】何休曰：「大夫無『遂』事。案襄十二年季孫宿救台[二]，『遂入鄆』，惡季孫不

[一]「奔」，原誤作「齊」，據鍾本改。

[二]「台」，襄十二年經作「邰」。

受命而入也。如公子遂受命如晉，不當言『遂』。」鄭君釋之曰：「遂固受命如京師、如晉，不專受命如周，經近上言『天王使宰周公來聘』，故公子遂報焉，因聘于晉。尊周，不敢使並命，使若公子遂自往然。即云『公子遂如京師、如晉』，是同周于諸侯，叛而不尊天子也。公羊傳有美惡不嫌同辭，何獨不廣之於此乎？」甯謂，經同而傳異者甚衆，此吾徒所以不及古人也。

【經】三十有一年，春，取濟西田。

【集解】曹田。

【經】公子遂如晉。

【經】夏，四月，四卜郊。

【集解】謂之「郊」者，天人相與交接之意也。不言「郊天」者，不敢斥尊也。昔武王既崩，成王幼少，周公居攝，行天子事，制禮作樂，終致太平。周公薨，成王以王禮葬之，命魯使郊，以彰周公之德，祭蒼帝靈威仰。昊天上帝，魯不祭。

不從，

【補注】不從，謂卜不吉。

乃免牲，猶三望。

【集解】鄭君曰：「『望』者，祭山川之名也，謂海也，岱也，淮也。非其疆界，則不祭。」禹貢曰：「海、岱及淮，惟徐州。」徐，魯地。

【傳】「夏，四月」，不時也。

【集解】郊，春事也。

「四卜」，非禮也。

【集解】郊，春事。四卜則入夏。

【補注】「郊」，是祭天之名。天爲物本，郊之祭，所以大報本反始也。天有五行，木、火、土、金、水，分時化育，以成萬物，其神謂之「五帝」。東方蒼帝，春受制，其名「靈威仰」。南方赤帝，夏受制，其名「赤熛怒」。中央黄帝，受制王四季，其名「含樞紐」。西方白帝，秋受制，其名「白招炬」。北方黑帝，冬受制，其名「汁光紀」。是紫微宫五方之帝。又天有别名，曰「昊天上帝」。昊天上帝與五方之帝，並可稱「上帝」，然惟昊天上帝獨可稱「天」矣。三王之郊，一用夏正。魯不然者，以天子得冬至祭昊天上帝，故郊所感之帝，皆以夏正爲之。魯不得冬至祭天，但因周公之勛，而得祭東方蒼帝，故轉卜三正。自周正月至於三月，皆郊之時也。月各一卜，共三卜，禮也。哀元年傳曰：「郊，自正月至于三月，郊之時也。夏，四月郊，不時也。五月郊，不時也。」又曰：「郊，三卜，禮也。四卜，非禮也。五卜，彊也。」

「免牲」者，爲之緇衣纁裳，

【補注】緇衣纁裳，主人所服也。

有司玄端，奉送至于南郊。免牛亦然。

【集解】玄端，黑衣，接神之道。玄纁者，天地之色也。南郊，天位，歸之于陽也。全曰「牲」，傷曰「牛」。牛有變而不郊，故卜免牛。

「乃」者，亡乎人之辭也。

【集解】亡乎人，若曰「無賢人」也。凱曰：「其猶易稱『窺其户，闃其無人』，詩云『巷無居人』。譏僖公不共，致天變。」

【補注】凡卜筮者，皆有以致禋潔之道也。將致禋潔，必正其禮。將正其禮，必選其人。人選禮正，然後神享之也。今郊之不行，由卜之不吉。卜之不吉，由神之不享。神之不享，由禮之不正。禮之不正，由人之不選也。人之不選，唯君之不恭，國無用致禋潔之道爾。故傳申經義，見譏在公也。

「猶」者，可以已之辭也。

【集解】望，郊之細也。不郊，無望可也。已，止也。

【補注】於所可以止而未止，故曰「猶」。言其大者已不得行，而猶行其小者，不如勿行而已矣。

【經】秋，七月。

【經】冬，杞伯姬來求婦。

【傳】婦人既嫁，不踰竟。「杞伯姬來求婦」，非正也。

【經】狄圍衛。

【經】十有二月，衛遷于帝丘。

【集解】帝丘，衛地。

【補注】時晉侯衰弱，戎狄内侵，衛避狄難，故遷焉。

【經】三十有二年，春王，正月。

【經】夏，四月，己丑，鄭伯捷卒。

【經】衛人侵狄。

【經】秋，衛人及狄盟。

【補注】案春秋，凡外盟，例皆列數以言，若隱三年「冬，十有二月，齊侯、鄭伯盟于石門」，又隱八年「秋，七月庚午，宋公、齊侯、衛侯盟于瓦屋」，皆列數之。此不列數，而言「衛人及狄」，是以中國「及」夷狄，所以别尊卑也。然上二十年「秋，齊人、狄人盟于邢」，亦是與狄盟，而不言「及」以别之者，二十年盟爲救齊，狄既進之稱「人」，故得列數也。

【經】冬，十有二月，己卯，晉侯重耳卒。

【集解】晉自莊公已前，不書于春秋，又不言文公之入及鄭忽之殺，何乎？徐邈通之曰：「案詩序及紀年、史記，晉昭公之後，大亂五世。又鄭忽之後，有子亹、子儀。且事出記傳而經所無殊多，誠當有不告故不書者。諸侯有朝聘之禮、赴告之命，所以敦其交好，通其憂虞。若鄰國相望，而情志否隔，存亡禍福不以相關，則它國之史，無由得書，故告命之事絶，則記注之文闕〔一〕，此蓋内外相與之常也。魯政雖陵遲，而典刑猶存，史策所録，不失常法，其文憲〔二〕之實足徵，故孔子因而脩之，事仍本史，而辭有損益，所以成詳略之例，起褒貶之意。若夫可以寄微旨而通王道者，存乎精義窮理，不在記事少多，此蓋脩春秋之本旨，師資辯説，日用之常義，故穀梁子可不復發文，而體例自舉矣。」

【經】三十有三年，春王，二月，秦人入滑。

【補注】秦欲襲鄭而不得，遂入滑。滑近鄭也。

【傳】滑，國也。

【補注】滑，姬姓小國也。

【經】齊侯使國歸父來聘。

〔一〕「闕」，原誤作「關」，形近而誤，據鍾本改。

〔二〕「憲」，鍾本作「獻」。

【經】夏，四月，辛巳，晉人及姜戎敗秦師于殽。

【補注】殽，晉山名。

【傳】不言「戰」，而言「敗」，何也？狄秦也。

【補注】案十五年「十有一月，壬戌，晉侯及秦伯戰于韓，獲晉侯」言「戰」。又成十二年傳曰：「中國與夷狄不言『戰』，皆曰『敗』之。」則此不言「戰」，直曰「敗」之者，是比秦爲狄也。又以「師」敗乎「人」者，見責之切也。

其狄之，何也？秦越千里之險入虛國，

【集解】滑無備，故言「虛國」。

進不能守，退敗其師。

【補注】「進不能守」，謂入滑而不能據。「退敗其師」，謂師還而覆於殽。

徒亂人子女之教，無男女之別。

【補注】言縱淫暴於滑。

秦之爲狄，自殽之戰始也。

【集解】明秦本非夷狄。

【補注】爲其以貪勤民，行偕狄道，遂乃如狄視之也。

秦伯將襲鄭，百里子與蹇叔子諫曰：「千里而襲人，未有不亡者也。」秦伯曰：「子之冢木已拱矣，何知！」

【集解】子之輩皆已老死矣。拱，合抱也。言其老無知。

師行，百里子與蹇叔子送其子而戒之曰：「女死，必於殽之巖唫之下，

【集解】其處險隘，一人可以要百人。

【補注】巖唫，山崖之口急處也。殽山有南北二陵，委曲相嵌，阨道所由生。

我將尸女於是。」

【集解】「尸女」者，收女尸。

【補注】百里子與蹇叔子度晉必憑此以設伏，故痛誡其子，欲使知備焉。

師行，百里子與蹇叔子隨其子而哭之。秦伯怒曰：「何爲哭吾師也？」二子曰：「非敢哭師也，哭吾子也。我老矣，彼不死，則我死矣。」

【集解】畏秦伯怒，故云彼、我要有死者。

晉人與姜戎要而擊之殽，

【補注】要，同「腰」，謂截其中以擊之也。

匹馬倚輪無反者。

【集解】倚輪，一隻之輪。

「晉人」者，晉子也。其曰「人」，何也？

【補注】案晉文未葬，其宜稱「子」。

微之也。何爲微之？不正其釋殯而主乎戰也。

【經】癸巳，葬晉文公。

【傳】日「葬」，危不得葬也。

【經】狄侵齊。

【經】公伐邾，取訾樓。

【經】秋，公子遂帥師伐邾。

【經】晉人敗狄于箕。

【集解】箕，晉地。

【補注】成十二年傳曰：「中國與夷狄不言『戰』，皆曰『敗』之。」

【經】冬，十月，公如齊。

【經】十有二月，公至自齊。

【經】乙巳，公薨于小寢。

【集解】小寢，内寢。

【傳】小寢，非正也。

【集解】非路寢。

【補注】小寢，夫人之正寢，聽内事處也，以對公「路寢」，故曰「小寢」。案左傳：「冬，公如齊朝，且弔有狄師也。反，薨於小寢，即安也。」杜預云：「小寢，夫人寢也。譏公就所安，不終於路寢。」

【經】隕霜，不殺草。

【集解】京房易傳曰：「君假與臣權，隕霜不殺草。」

【補注】劉向以爲，於易，五爲天位、君位。九月陰氣至，五通於天位，其卦爲「剥」，剥落萬物，始大殺矣。明陰從陽命，臣受君令，而後殺也。今十月隕霜而不能殺草，此君誅不行，舒緩之應也。是時公子遂專權，三桓始世官，文公不寤，其後遂殺子赤，三家逐昭公。

【傳】未可殺而殺，舉重也。可殺而不殺，舉輕也。

【集解】重，謂菽也。輕，謂草也。輕者不死，則重者不死可知。

【經】李、梅實。

【集解】京房易傳曰：「從叛者，兹謂『不明』，厥妖木冬實。」

【補注】劉向以爲，周十二月，夏十月也，李、梅當剥落，今反華實，近草妖也。先華而後實，不書華，舉重者也。陰成陽事，象臣專君，作威福。是時僖公死，公子遂專權，文公不寤，後有子赤之變。

【傳】「實」之爲言，猶「實」也。

【集解】實，子。

【經】晉人、陳人、鄭人伐許。